VINICIUS DE MORAES

ANTOLOGIA POÉTICA

EDITÔRA A NOITE

2 O poeta no início da década de 70.

3

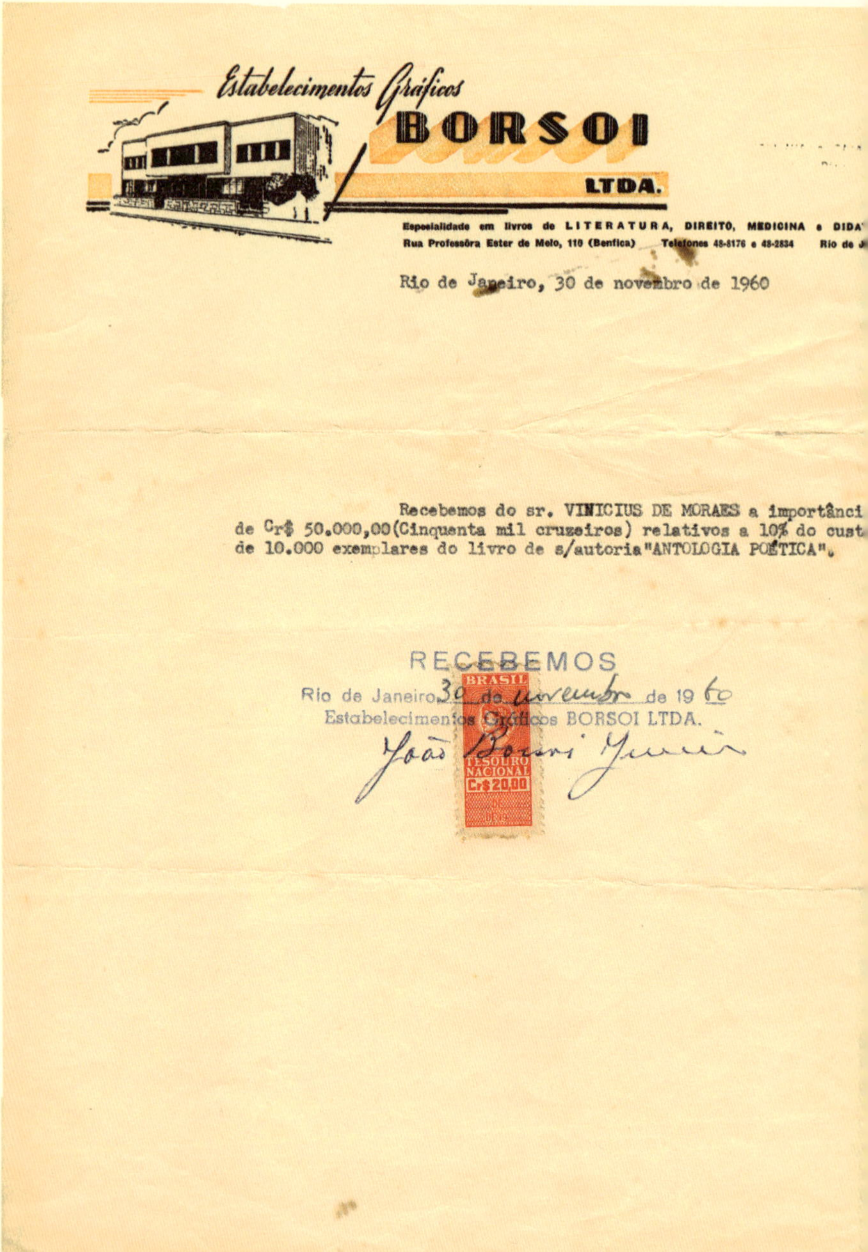

Estabelecimentos Gráficos
BORSOI
LTDA.
Especialidade em livros de LITERATURA, DIREITO, MEDICINA e DIDA
Rua Professôra Ester de Melo, 110 (Benfica) Telefones 48-8176 e 48-2834 Rio de J

Rio de Janeiro, 30 de novembro de 1960

Recebemos do sr. VINICIUS DE MORAES a importânci
de Cr$ 50.000,00(Cinquenta mil cruzeiros) relativos a 10% do cust
de 10.000 exemplares do livro de s/autoria"ANTOLOGIA POÉTICA".

RECEBEMOS
Rio de Janeiro, 30 de novembro de 1960
Estabelecimentos Gráficos BORSOI LTDA.
João Borsoi Junior

BRASIL
TESOURO NACIONAL
Cr$ 20,00

5 Recibo da impressão da segunda edição da *Antologia poética*.

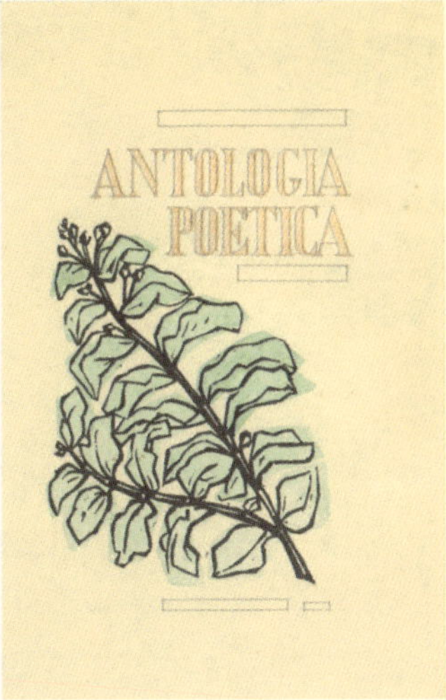

6 Estudo de capa para a segunda edição (1960) da *Antologia poética* (1954).

7 Dactiloscrito da "Advertência", texto de abertura da *Antologia poética* no qual Vinicius explica os princípios de organização do volume.

A D V E R T Ê N C I A

Poderia este livro ser dividido em duas partes, correspondentes a dois períodos distintos na poesia do A.

A primeira, transcendental, frequentemente mística, resultante de sua fase cristã, termina com o poema "Ariana, a mulher", editado em 1936. Salvo, aqui e ali, umas pequenas emendas, a única alteração digna de nota nesta parte foi reduzir-se o poema ~~xxxxxxxxxxxxxxxxxxxxxxxx~~ "O cemitério da madrugada" às quatro estrofes iniciais, no que atendeu o A. a uma velha ideia de seu amigo Rodrigo M. F. de Andrade.

À segunda parte, que abre com o poema "O falso mendigo", o primeiro, a que se lembra o A., escrito em oposição ao transcendentalismo anterior, pertencem algumas poesias do livro Novos poemas, também representado na outra fase, e os demais versos publicados posteriormente em livros, revistas e jornais. Nela estão nitidamente marcados os movimentos de aproximação do mundo material, com a difícil mas consistente repulsa ao idealismo dos primeiros anos.

De permeio foram colocadas as Cinco elegias (1943), como representativas do período de transição entre aquelas duas tendências contraditórias, - livro também onde elas melhor se encontraram e fundiram em busca de uma sintaxe própria.

Não obstante certas disparidades, fàcilmente verificáveis no índice, impôs-se o critério cronológico para uma impressão verídica do que foi a luta mantida pelo A. contra si mesmo no sentido de uma libertação, hoje alcançada, dos preconceitos e enjoamentos de sua classe e do seu meio, os quais tanto, e tão inùtilmente, lhe angustiaram a formação.

Los Angeles, junho de 1949.

8 Vinicius entre sua irmã Lygia e Rubem Braga no casamento de Susana de Moraes com Rodolfo Sousa Dantas (1959).

9 Encontro de amigos no Cassino Atlântico, em Copacabana, Rio de Janeiro. Da esquerda para a direita, Lauro Escorel, Carlos Jacinto de Barros, Tati de Moraes, Vinicius e Rubem Braga (janeiro de 1944).

10, 11 Ao lado, com amigos, em Los Angeles, diante de um de seus pontos preferidos na cidade: a loja especializada em discos de jazz, fundada pelo produtor Nesuhi Ertegün. Abaixo, em Nova York, num parque de diversões com Fernando Sabino (*c.* 1946).

the jazz man
RECORD SHOP

JUST MARRIED
MOTHER DONE IT
JUST HITCHED
WE DID IT

Billete a Baudelaire

Meu velho amigo, à tua maneira

E para distrair o spleen
Que este sentimos ao meio
Com a roupa domingueira

Releio-te, reencontro o raro
Delicio de me deparar
Com tuas cidades preclaras
Na velha foto de Carjat

Que não revio desde o tempo
Em que te li e te reli
A ti, a Verlaine e a Rimbaud.

13, 14

15 Com o poeta Manuel Bandeira (1956).

16

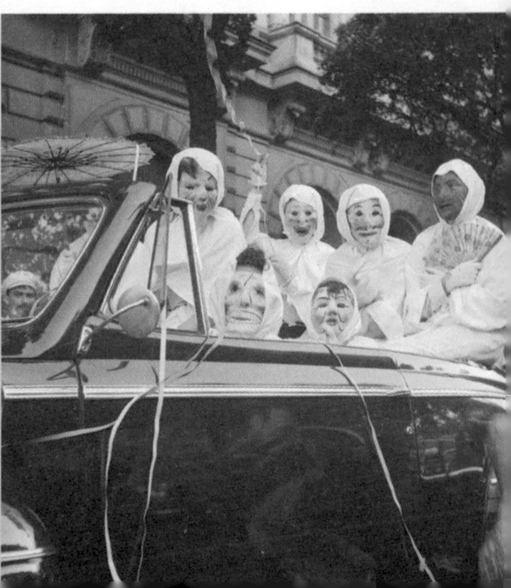

17 Durante os ensaios de *Orfeu da Conceição*, com sua mulher, Lila Bôscoli, Tom Jobim e Oscar Niemeyer (1956).

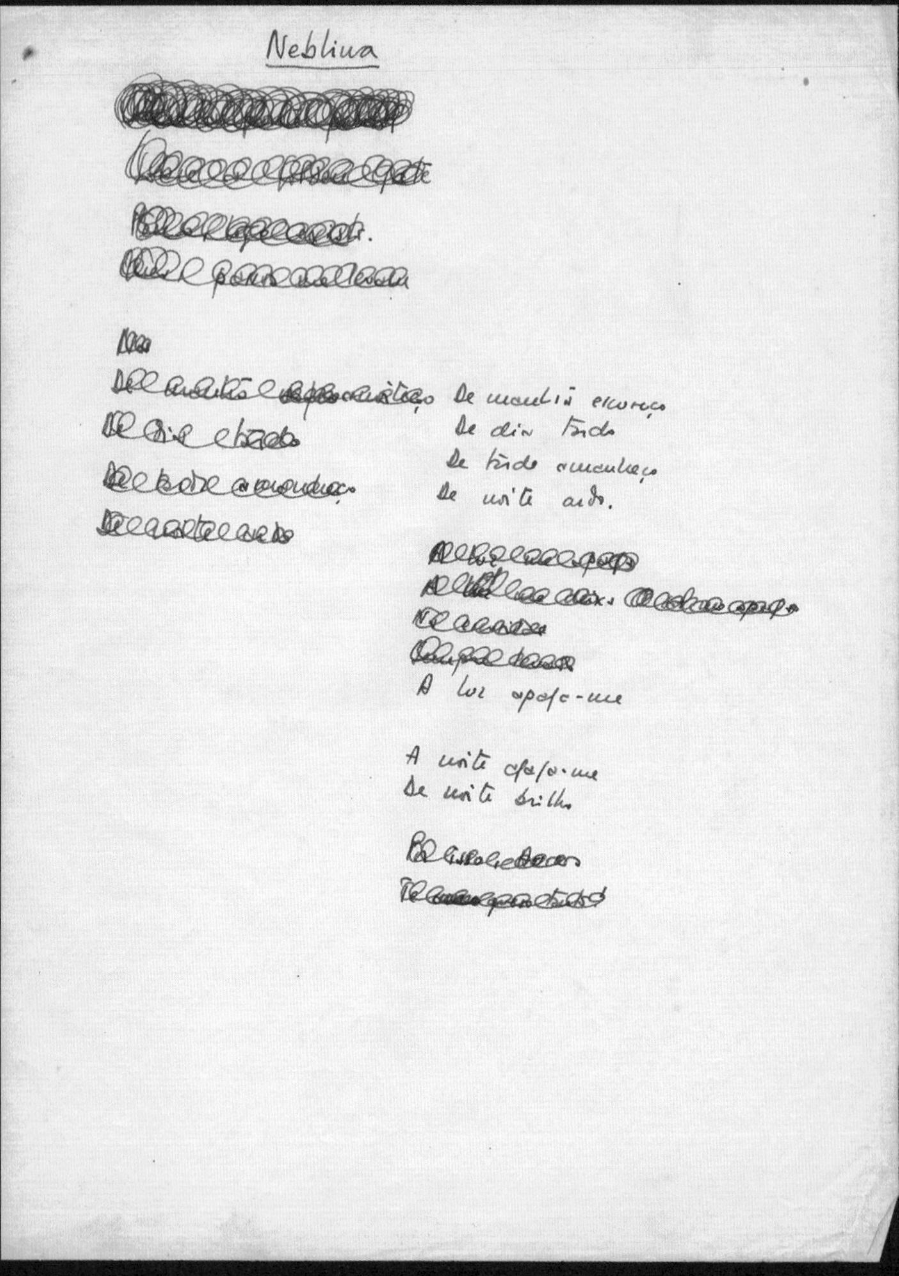

Neblina

De manhã escureço
De dia tardo
De tarde anoiteço
De noite ardo.

A luz apaga-me

A noite apaga-me
De noite brilho

18, 19 Duas versões do poema que viria a se chamar "Poética" (cuja versão final é de 1950).

O POETA FUTURO

DE MANHÃ ESCUREÇO
DE DIA TARDO
DE TARDE AMANHEÇO
DE NOITE ARDO.

A OESTE A MORTE
CONTRA QUEM VIVO
DO SUL CATIVO
O ESTE É MEU NORTE.

OUTROS QUE CONTEM
PASSO POR PASSO:
EU MORRO ONTEM

NASÇO AMANHÃ
ANDO ONDE HÁ ESPAÇO
MEU TEMPO É QUANDO.

V.M.

Los Angeles, 15/12/1949

POENTE EM NEW YORK

Com um gesto irradiante o Arcanjo Gabriel
Abre de par em par o pórtico do poente

Sôbre New York. A espada de ouro imensa

A faiscar simetria, ei-lo que monta guarda

A Heavens, Inc. unposted. [illegible]

Baixam solenemente as pontes levadiças

De U.S.(cifra)Sol sôbre a ilha de Manhattan.

Agora tudo é aviso, antevisão, anúncio

De parada que vem. No cerne da matéria

Aquietam-se os átomos e cria-se o vazio

Em cada coração de bicho, coisa e gente.

Anticlimax atroz. De súbito, fanfarras

Dissonâncias em fuga, altos pistões, gemidos

De saxofones crueis violando violinos

Clarinetas em blues e pianos em boogie

Depois, [illegible] o baba da bateria...

Pelos [illegible] de luz corpos de coxas nuas

Poeira [illegible] descer o céu [illegible]

Terras [illegible] de balizas.

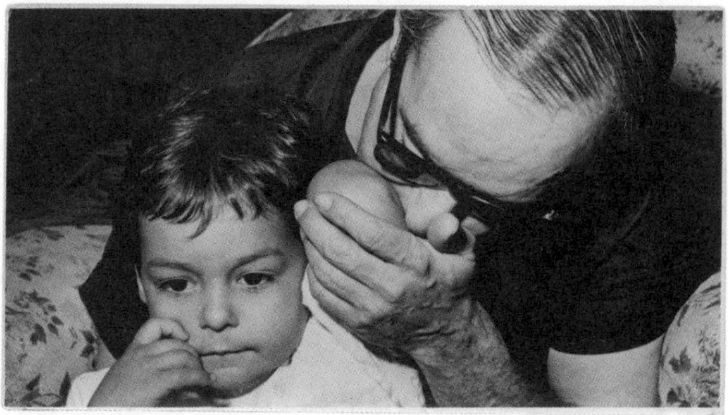

21, 22 Com sua filha, Luciana, em dois momentos: em 1959 e durante as filmagens de *Vinicius, um rapaz de família*, média-metragem dirigido por outra filha, Susana (1979).

VINICIUS
ANTOLOGIA POÉTICA

NOVA ANTOLOGIA POÉTICA

Capa e projeto gráfico
warrakloureiro
foto de capa
© Rene Burri/ Magnum Photos
Pesquisa
Eucanaã Ferraz
Daniel Vasilenskas Gil
Natalia Cordoniz Klussmann
Preparação
Márcia Copola
Índice de poemas e primeiros versos
Luciano Marchiori
Revisão
Carmen S. da Costa
Isabel Jorge Cury

Dados Internacionais de Catalogação na Publicação (CIP)
(Câmara Brasileira do Livro, SP, Brasil)

Moraes, Vinicius de, 1913-1980.
Nova antologia poética / Vinicius de Moraes ; seleção
e organização Antonio Cicero, Eucanaã Ferraz. — São Paulo:
Companhia das Letras, 2008.

ISBN 978-85-359-1264-7

1. Poesia brasileira I. Título 2. Moraes, Vinicius de, 1913-1980
II. Cicero, Antonio. III Ferraz, Eucanaã

08-05291 CDD-869.91

Índice para catálogo sistemático :
1. Poesia : Literatura brasileira 869.91

[2017]

EDITORA SCHWARCZ S.A.
Rua Bandeira Paulista 702 cj. 32
04532-002 — São Paulo — SP
Telefone [11] 3707 3500
www.companhiadasletras.com.br
www.blogdacompanhia.com.br
facebook.com/companhiadasletras
instagram.com/companhiadasletras
twitter.com/cialetras

SUMÁRIO

Meu tempo é quando
V. M.

SONETO DE INTIMIDADE

Nas tardes de fazenda há muito azul demais.
Eu saio às vezes, sigo pelo pasto, agora
Mastigando um capim, o peito nu de fora
No pijama irreal de há três anos atrás.

Desço o rio no vau dos pequenos canais
Para ir beber na fonte a água fria e sonora
E se encontro no mato o rubro de uma amora
Vou cuspindo-lhe o sangue em torno dos currais.

Fico ali respirando o cheiro bom do estrume
Entre as vacas e os bois que me olham sem ciúme
E quando por acaso uma mijada ferve

Seguida de um olhar não sem malícia e verve
Nós todos, animais, sem comoção nenhuma
Mijamos em comum numa festa de espuma.

Campo Belo, 1937

A MULHER QUE PASSA

Meu Deus, eu quero a mulher que passa.
Seu dorso frio é um campo de lírios
Tem sete cores nos seus cabelos
Sete esperanças na boca fresca!

Oh! como és linda, mulher que passas
Que me sacias e suplicias
Dentro das noites, dentro dos dias!

Teus sentimentos são poesia
Teus sofrimentos, melancolia.
Teus pêlos leves são relva boa
Fresca e macia.
Teus belos braços são cisnes mansos
Longe das vozes da ventania.

Meu Deus, eu quero a mulher que passa!

Como te adoro, mulher que passas
Que vens e passas, que me sacias
Dentro das noites, dentro dos dias!
Por que me faltas, se te procuro?
Por que me odeias quando te juro
Que te perdia se me encontravas
E me encontrava se te perdias?

Por que não voltas, mulher que passas?
Por que não enches a minha vida?
Por que não voltas, mulher querida
Sempre perdida, nunca encontrada?
Por que não voltas à minha vida?
Para o que sofro não ser desgraça?

Meu Deus, eu quero a mulher que passa!
Eu quero-a agora, sem mais demora
A minha amada mulher que passa!

No santo nome do teu martírio
Do teu martírio que nunca cessa
Meu Deus, eu quero, quero depressa
A minha amada mulher que passa!

Que fica e passa, que pacifica
Que é tanto pura como devassa
Que bóia leve como a cortiça
E tem raízes como a fumaça.

A BRUSCA POESIA DA MULHER AMADA

Longe dos pescadores os rios infindáveis vão morrendo de
[sede lentamente...
Eles foram vistos caminhando de noite para o amor — oh,
[a mulher amada é como a fonte!

A mulher amada é como o pensamento do filósofo sofrendo
A mulher amada é como o lago dormindo no cerro perdido
Mas quem é essa misteriosa que é como um círio crepitando
[no peito?
Essa que tem olhos, lábios e dedos dentro da forma inexistente?

Pelo trigo a nascer nas campinas de sol a terra amorosa elevou
[a face pálida dos lírios
E os lavradores foram se mudando em príncipes de mãos
[finas e rostos transfigurados...

Oh, a mulher amada é como a onda sozinha correndo distante
[das praias
Pousada no fundo estará a estrela, e mais além.

SONETO A KATHERINE MANSFIELD

O teu perfume, amada — em tuas cartas
Renasce, azul... — são tuas mãos sentidas!
Relembro-as brancas, leves, fenecidas
Pendendo ao longo de corolas fartas.

Relembro-as, vou... nas terras percorridas
Torno a aspirá-lo, aqui e ali desperto
Paro; e tão perto sinto-te, tão perto
Como se numa foram duas vidas.

Pranto, tão pouca dor! tanto quisera
Tanto rever-te, tanto!... e a primavera
Vem já tão próxima!... (Nunca te apartas

Primavera, dos sonhos e das preces!)
E no perfume preso em tuas cartas
À primavera surges e esvaneces.

Rio, 1937

TERNURA

Eu te peço perdão por te amar de repente
Embora o meu amor seja uma velha canção nos teus ouvidos
Das horas que passei à sombra dos teus gestos
Bebendo em tua boca o perfume dos sorrisos
Das noites que vivi acalentado
Pela graça indizível dos teus passos eternamente fugindo
Trago a doçura dos que aceitam melancolicamente.
E posso te dizer que o grande afeto que te deixo
Não traz o exaspero das lágrimas nem a fascinação das
[promessas
Nem as misteriosas palavras dos véus da alma...
É um sossego, uma unção, um transbordamento de carícias
E só te pede que te repouses quieta, muito quieta
E deixes que as mãos cálidas da noite encontrem sem
[fatalidade o olhar extático da aurora.

ELEGIA DESESPERADA

Alguém que me falasse do mistério do Amor
Na sombra — alguém! alguém que me mentisse
Em sorrisos, enquanto morriam os rios, enquanto morriam
As aves do céu! e mais que nunca
No fundo da carne o sonho rompeu um claustro frio
Onde as lúcidas irmãs na branca loucura das auroras
Rezam e choram e velam o cadáver gelado do sol!
Alguém que me beijasse e me fizesse estacar
No meu caminho — alguém! — as torres ermas
Mais altas que a lua, onde dormem as virgens
Nuas, as nádegas crispadas no desejo
Impossível dos homens — ah! deitariam a sua maldição!
Ninguém... nem tu, andorinha, que para seres minha
Foste mulher alta, escura e de mãos longas...
Revesti-me de paz? — não mais se me fecharão as chagas
Ao beijo ardente dos ideais — perdi-me
De paz! sou rei, sou árvore
No plácido país do Outono; sou irmão da névoa
Ondulante, sou ilha no gelo, apaziguada!
E no entanto, se eu tivesse ouvido em meu silêncio uma voz
De dor, uma simples voz de dor... mas! fecharam-me
As portas, sentaram-se todos à mesa e beberam o vinho
Das alegrias e penas da vida (e eu só tive a lua
Lívida, a lésbica que me poluiu da sua eterna
Insensível polução...). Gritarei a Deus? — ai dos homens!
Aos homens? — ai de mim! Cantarei
Os fatais hinos da redenção? Morra Deus
Envolto em música! — e que se abracem
As montanhas do mundo para apagar o rasto do poeta!

*

E o homem vazio se atira para o esforço desconhecido
Impassível. A treva amarga o vento. No silêncio
Troa invisível o tantã das tribos bárbaras
E descem os rios loucos para a imaginação humana.

Do céu se desprende a face maravilhosa de Canópus
Para o muito fundo da noite... — e um grito cresce desorientado
Um grito de virgem que arde... — na copa dos pinheiros
Nem um piar de pássaro, nem uma visão consoladora da lua.

É o instante em que o medo poderia ser para sempre
Em que as planícies se ausentam e deixam as entranhas
[cruas da terra
Para as montanhas, a imagem do homem crispado, correndo
É a visão do próprio desespero perdido na própria imobilidade.

Ele traz em si mesmo a maior das doenças
Sobre o seu rosto de pedra os olhos são órbitas brancas
À sua passagem as sensitivas se fecham apavoradas
E as árvores se calam e tremem convulsas de frio.

O próprio bem tem nele a máscara do gelo
E o seu crime é cruel, lúcido e sem paixão
Ele mata a avezinha só porque a viu voando
E queima florestas inteiras para aquecer as mãos.

Seu olhar que rouba às estrelas belezas recônditas
Debruça-se às vezes sobre a borda negra dos penhascos
E seu ouvido agudo escuta longamente em transe
As gargalhadas cínicas dos vampiros e dos duendes.

E se acontece encontrar em seu fatal caminho
Essas imprudentes meninas que costumam perder-se nos bosques
Ele as apaixona de amor e as leva e as sevicia
E as lança depois ao veneno das víboras ferozes.

Seu nome é terrível. Se ele o grita silenciosamente
Deus se perde de horror e se destrói no céu.
Desespero! Desespero! Porta fechada ao mal
Loucura do bem, desespero, criador de anjos!

*

(*O DESESPERO DA PIEDADE*)

Meu Senhor, tende piedade dos que andam de bonde
E sonham no longo percurso com automóveis, apartamentos...
Mas tende piedade também dos que andam de automóvel
Quando enfrentam a cidade movediça de sonâmbulos,
[na direção.

Tende piedade das pequenas famílias suburbanas
E em particular dos adolescentes que se embebedam de
[domingos
Mas tende mais piedade ainda de dois elegantes que passam
E sem saber inventam a doutrina do pão e da guilhotina.

Tende muita piedade do mocinho franzino, três cruzes, poeta
Que só tem de seu as costeletas e a namorada pequenina
Mas tende mais piedade ainda do impávido forte colosso
[do esporte
E que se encaminha lutando, remando, nadando para a morte.

Tende imensa piedade dos músicos dos cafés e casas de chá
Que são virtuoses da própria tristeza e solidão
Mas tende piedade também dos que buscam o silêncio
E súbito se abate sobre eles uma ária da *Tosca*.

Não esqueçais também em vossa piedade os pobres que
[enriqueceram
E para quem o suicídio ainda é a mais doce solução
Mas tende realmente piedade dos ricos que empobreceram
E tornam-se heróicos e à santa pobreza dão um ar de grandeza.

Tende infinita piedade dos vendedores de passarinhos
Que em suas alminhas claras deixam a lágrima e a
[incompreensão
E tende piedade também, menor embora, dos vendedores
[de balcão
Que amam as freguesas e saem de noite, quem sabe aonde vão...

Tende piedade dos barbeiros em geral, e dos cabeleireiros
Que se efeminam por profissão mas que são humildes nas
[suas carícias
Mas tende mais piedade ainda dos que cortam o cabelo:
Que espera, que angústia, que indigno, meu Deus!

Tende piedade dos sapateiros e caixeiros de sapataria
Que lembram madalenas arrependidas pedindo piedade
[pelos sapatos
Mas lembrai-vos também dos que se calçam de novo
Nada pior que um sapato apertado, Senhor Deus.

Tende piedade dos homens úteis como os dentistas
Que sofrem de utilidade e vivem para fazer sofrer
Mas tende mais piedade dos veterinários e práticos de farmácia
Que muito eles gostariam de ser médicos, Senhor.

Tende piedade dos homens públicos e em particular dos
[políticos
Pela sua fala fácil, olhar brilhante e segurança dos gestos
[de mão
Mas tende mais piedade ainda dos seus criados, próximos
[e parentes
Fazei, Senhor, com que deles não saiam políticos também.

*

E no longo capítulo das mulheres, Senhor, tende piedade
[das mulheres
Castigai minha alma, mas tende piedade das mulheres
Enlouquecei meu espírito, mas tende piedade das mulheres
Ulcerai minha carne, mas tende piedade das mulheres!

Tende piedade da moça feia que serve na vida
De casa, comida e roupa lavada da moça bonita
Mas tende mais piedade ainda da moça bonita
Que o homem molesta — que o homem não presta, não
[presta, meu Deus!

Tende piedade das moças pequenas das ruas transversais
Que de apoio na vida só têm Santa Janela da Consolação
E sonham exaltadas nos quartos humildes
Os olhos perdidos e o seio na mão.

Tende piedade da mulher no primeiro coito
Onde se cria a primeira alegria da Criação
E onde se consuma a tragédia dos anjos
E onde a morte encontra a vida em desintegração.

Tende piedade da mulher no instante do parto
Onde ela é como a água explodindo em convulsão
Onde ela é como a terra vomitando cólera
Onde ela é como a lua parindo desilusão.

Tende piedade das mulheres chamadas desquitadas
Porque nelas se refaz misteriosamente a virgindade
Mas tende piedade também das mulheres casadas
Que se sacrificam e se simplificam a troco de nada.

Tende piedade, Senhor, das mulheres chamadas vagabundas
Que são desgraçadas e são exploradas e são infecundas
Mas que vendem barato muito instante de esquecimento
E em paga o homem mata com a navalha, com o fogo,
[com o veneno.

Tende piedade, Senhor, das primeiras namoradas
De corpo hermético e coração patético
Que saem à rua felizes mas que sempre entram desgraçadas
Que se crêem vestidas mas que em verdade vivem nuas.

Tende piedade, Senhor, de todas as mulheres
Que ninguém mais merece tanto amor e amizade
Que ninguém mais deseja tanto poesia e sinceridade
Que ninguém mais precisa tanto de alegria e serenidade.

Tende infinita piedade delas, Senhor, que são puras
Que são crianças e são trágicas e são belas
Que caminham ao sopro dos ventos e que pecam
E que têm a única emoção da vida nelas.

Tende piedade delas, Senhor, que uma me disse
Ter piedade de si mesma e de sua louca mocidade
E outra, à simples emoção do amor piedoso
Delirava e se desfazia em gozos de amor de carne.

Tende piedade delas, Senhor, que dentro delas
A vida fere mais fundo e mais fecundo
E o sexo está nelas, e o mundo está nelas
E a loucura reside nesse mundo.

Tende piedade, Senhor, das santas mulheres
Dos meninos velhos, dos homens humilhados — sede enfim
Piedoso com todos, que tudo merece piedade
E se piedade vos sobrar, Senhor, tende piedade de mim!

ELEGIA AO PRIMEIRO AMIGO

Seguramente não sou eu
Ou antes: não é o ser que eu sou, sem finalidade e sem história.
É antes uma vontade indizível de te falar docemente
De te lembrar tanta aventura vivida, tanto meandro de ternura
Neste momento de solidão e desmesurado perigo em que me
[encontro.
Talvez seja o menino que um dia escreveu um soneto para
[o dia de teus anos
E te confessava um terrível pudor de amar, e que chorava
[às escondidas
Porque via em muitos dúvidas sobre uma inteligência que ele
[estimava genial.
Seguramente não é a minha forma.
A forma que uma tarde, na montanha, entrevi, e que me fez
[tão tristemente temer minha própria poesia.
É apenas um prenúncio do mistério
Um suspiro da morte íntima, ainda não desencantada...
Vim para ser lembrado
Para ser tocado de emoção, para chorar
Vim para ouvir o mar contigo
Como no tempo em que o sonho da mulher nos alucinava, e nós
Encontrávamos força para sorrir à luz fantástica da manhã.
Nossos olhos enegreciam lentamente de dor
Nossos corpos duros e insensíveis
Caminhavam léguas — e éramos o mesmo afeto
Para aquele que, entre nós, ferido de beleza
Aquele de rosto de pedra
De mãos assassinas e corpo hermético de mártir
Nos criava e nos destruía à sombra convulsa do mar.
Pouco importa que tenha passado, e agora

Eu te possa ver subindo e descendo os frios vales
Ou nunca mais irei, eu
Que muita vez neles me perdi para afrontar o medo da treva...
Trazes ao teu braço a companheira dolorosa
A quem te deste como quem se dá ao abismo, e para quem
[cantas o teu desespero como um grande pássaro sem ar.
Tão bem te conheço, meu irmão; no entanto
Quem és, amigo, tu que inventaste a angústia
E abrigaste em ti todo o patético?
Não sei o que tenho de te falar assim: sei
Que te amo de uma poderosa ternura que nada pede nem dá
Imediata e silenciosa; sei que poderias morrer
E eu nada diria de grave; decerto
Foi a primavera temporã que desceu sobre o meu quarto
[de mendigo
Com seu azul de outono, seu cheiro de rosas e de velhos
[livros..
Pensar-te agora na velha estrada me dá tanta saudade
[de mim mesmo
Me renova tanta coisa, me traz à lembrança tanto instante
[vivido:
Tudo isso que vais hoje revelar à tua amiga, e que nós
[descobrimos numa incomparável aventura
Que é como se me voltasse aos olhos a inocência com
[que um dia dormi nos braços de uma mulher
[que queria me matar.
Evidentemente (e eu tenho pudor de dizê-lo)
Quero um bem enorme a vocês dois, acho vocês formidáveis
Fosse tudo para dar em desastre no fim, o que não vejo possível
(Vá lá por conta da necessária gentileza...)

No entanto, delicadamente, me desprenderei da vossa
[companhia, deixar-me-ei ficar para trás, para trás...
Existo também; de algum lugar
Uma mulher me vê viver; de noite, às vezes
Escuto vozes ermas
Que me chamam para o silêncio.
Sofro
O horror dos espaços
O pânico do infinito
O tédio das beatitudes.
Sinto
Refazerem-se em mim mãos que decepei de meus braços
Que viveram sexos nauseabundos, seios em putrefação.
Ah, meu irmão, muito sofro! de algum lugar, na sombra
Uma mulher me vê viver... — perdi o meio da vida
E o equilíbrio da luz; sou como um pântano ao luar.

*

Falarei baixo
Para não perturbar tua amiga adormecida
Serei delicado. Sou muito delicado. Morro de delicadeza.
Tudo me merece um olhar. Trago
Nos dedos um constante afago para afagar; na boca
Um constante beijo para beijar; meus olhos
Acarinham sem ver; minha barba é delicada na pele das mulheres.
Mato com delicadeza. Faço chorar delicadamente
E me deleito. Inventei o carinho dos pés; minha palma
Áspera de menino de ilha pousa com delicadeza sobre
[um corpo de adúltera.

Na verdade, sou um homem de muitas mulheres, e com
[todas delicado e atento
Se me entediam, abandono-as delicadamente, desprendendo-me
[delas com uma doçura de água
Se as quero, sou delicadíssimo; tudo em mim
Desprende esse fluido que as envolve de maneira irremissível
Sou um meigo energúmeno. Até hoje só bati numa mulher
Mas com singular delicadeza. Não sou bom
Nem mau: sou delicado. Preciso ser delicado
Porque dentro de mim mora um ser feroz e fratricida
Como um lobo. Se não fosse delicado
Já não seria mais. Ninguém me injuria
Porque sou delicado; também não conheço o dom da injúria.
Meu comércio com os homens é leal e delicado; prezo
[ao absurdo
A liberdade alheia; não existe
Ser mais delicado que eu; sou um místico da delicadeza
Sou um mártir da delicadeza; sou
Um monstro de delicadeza.

*

Seguramente não sou eu:
É a tarde, talvez, assim parada
Me impedindo de pensar. Ah, meu amigo
Quisera poder dizer-te tudo; no entanto
Preciso desprender-me de toda lembrança; de algum lugar
Uma mulher me vê viver, que me chama; devo
Segui-la, porque tal é o meu destino. Seguirei
Todas as mulheres em meu caminho, de tal forma

Que ela seja, em sua rota, uma dispersão de pegadas
Para o alto, e não me reste de tudo, ao fim
Senão o sentimento desta missão e o consolo de saber
Que fui amante, e que entre a mulher e eu alguma coisa existe
Maior que o amor e a carne, um secreto acordo, uma promessa
De socorro, de compreensão e de fidelidade para a vida.

A ÚLTIMA ELEGIA

```
        O                   L
     O   F               E     S
  R          S        H           E
O               O F C                A
```

Greenish, newish roofs of Chelsea
Onde, merencórios, toutinegram rouxinóis
Forlornando baladas para nunca mais!
Ó imortal landscape
                                        no anticlímax da aurora!
                                                        ô joy for ever!
Na hora da nossa morte et nunc et semper
Na minha vida em lágrimas!
                                                                uer ar iú
Ó fenesuites, calmo atlas do fog
Impassévido devorador das esterlúridas?
Darling, darkling I listen...
                                            "... it is, my soul, it is
Her gracious self..."
                                            murmura adormecida
É meu nome!...
                        sou eu, sou eu, Nabucodonosor!
Motionless I climb
                        the wa
                                t
                                e
                                r
                                -
                        Am I p a Spider?
                                i
                        Am I p a Mirror?
                                e
                        Am I s an X Ray?

No, I'm the Three Musketeers
                    rolled in a Romeo.
                              Virus
Da alta e irreal paixão subindo as veias
Com que chegar ao coração da amiga.
                                        Alas, celua
Me iluminou, celua me iludiu cantando
The songs of Los; e agora
                         meus passos
                              são gatos
Comendo o tempo em tuas cornijas
Em lúridas, muito lúridas
Aventuras do amor mediúnico e miaugente...
So I came
                              — from the dark bull-like tower
                                        fantomática
Que à noite bimbalha bimbalalões de badaladas
Nos bem-bons da morte e ruge menstruosamente sádica
A sua sede de amor; so I came
De Menaipa para Forox, do rio ao mar — e onde

Um dia assassinei um cadáver aceso
Velado pelas seis bocas, pelos doze olhos, pelos centevinte dedos
                                                  [espalmados
Dos primeiros padres do mundo; so I came
For everlong that everlast — e deixa-me cantá-lo
A voz morna da retardosa rosa
Mornful and Beátrix
Obstétrix
Poésia.

*

Dost thou remember, dark love
Made in London, celua, celua nostra
Mais linda que mare nostrum?
quando early morn'
Eu vinha impressentido, like the shadow of a cloud
Crepitante ainda nos aromas emolientes de Christ Church
[meadows
Frio como uma coluna dos cloisters de Magdalen
Queimar-me à luz translúcida de Chelsea?
Fear love...
ô brisa do Tâmisa, ô ponte de Waterloo, ô
Roofs of Chelsea, ô proctors, ô preposterous
Symbols of my eagerness!
— terror no espaço!
— silêncio nos graveyards!
— fome dos braços teus!
Só Deus me escuta andar...
— ando sobre o coração de Deus
Em meio à flora gótica... step, step along
Along the High... "I don't fear anything
But the ghost of Oscar Wilde..." ... ô darlingest
I feared... A ESTAÇÃO DE TRENS... I had to post-pone
All my souvenirs! there was always a bowler-hat
Or a POLICEMAN around, a stretched one, a mighty
Goya, looking sort of put upon, cuja passada de cautchu
Era para mim como o bater do coração do silêncio (I used
To eat all the chocolates from the one-penny-machine
Just to look natural; it seemed to me que não era eu
Any more, era Jack the Ripper being hunted) e suddenly
Tudo ficava restful and warm... — o siiiiiiii

Lvo da Locomotiva — leitmotiv — locomovendo-se
Through the Ballad of READING Gaol até a visão de
PADDINGTON (quem foste tu tão grande
Para alevantares aos amanhecentes céus de amor
Os nervos de aço de Vercingetórix?). Eu olharia risonho
A Rosa-dos-Ventos. S.W. Loeste! no dédalo
Se acalentaria uma loenda de amigo: "I wish, I wish
I were asleep". Quoth I: — Ô squire
Please, à Estrada do Rei, na Casa do Pequeno Cisne
Room twenty four! ô squire, quick, before
My heart turns to whatever whatsoever sore!
Há um grande aluamento de microerosíferos
Em mim! ô squire, art thou in love? dost thou
Believe in pregnancy, kindly tell me? ô
Squire, quick, before alva turns to electra
For ever, ever more! give thy horses
Gasoline galore, but to take me to my maid
Minha garota — Lenore!
Quoth the driver: — Right you are, sir.

*

O roofs of Chelsea!
Encantados roofs, multicolores, briques, bridges, brumas
Da aurora em Chelsea! ô melancholy!
"I wish, I wish I were asleep..." but the morning
Rises, o perfume da madrugada em Londres
Makes me fluid... darling, darling, acorda, escuta
Amanheceu, não durmas... o bálsamo do sono

Fechou-te as pálpebras de azul... Victoria & Albert resplende
Para o teu despertar; ô darling, vem amar
À luz de Chelsea! não ouves o rouxinol cantar em Central Park?
Não ouves resvalar no rio, sob os chorões, o leve batel
Que Bilac deitou à correnteza para eu te passear? não sentes
O vento brando e macio nos mahoganies? the leaves of brown
Came thumbling down, remember?
"Escrevi dez canções...
                    ... escrevi um soneto...
                        ... escrevi uma elegia..."
Ô darling, acorda, give me thy eyes of brown, vamos fugir
Para a Inglaterra?
                    "... escrevi um soneto...
                        ... escrevi uma carta..."
Ô darling, vamos fugir para a Inglaterra?
                        "... que irão pensar
Os quatro cavaleiros do Apocalipse..."
                        "... escrevi uma ode..."
Ô darling!
    Ô PAVEMENTS!
        Ô roofs of Chelsea!

Encantados roofs, noble pavements, cheerful pubs, delicatessen
Crumpets, a glass of bitter, cap and gown... — don't cry, don't
[cry!
Nothing is lost, I'll come again, next week, I promise thee...
Be still, don't cry...
                ... don't cry...
                    ... don't cry
                        RESOUND

Ye pavements!
— até que a morte nos separe —
ó brisas do Tâmisa, farfalhai!
Ó telhados de Chelsea,
amanhecei!

SONETO DE FIDELIDADE

De tudo, ao meu amor serei atento
Antes, e com tal zelo, e sempre, e tanto
Que mesmo em face do maior encanto
Dele se encante mais meu pensamento.

Quero vivê-lo em cada vão momento
E em seu louvor hei de espalhar meu canto
E rir meu riso e derramar meu pranto
Ao seu pesar ou seu contentamento.

E assim, quando mais tarde me procure
Quem sabe a morte, angústia de quem vive
Quem sabe a solidão, fim de quem ama

Eu possa me dizer do amor (que tive):
Que não seja imortal, posto que é chama
Mas que seja infinito enquanto dure.

Estoril, outubro de 1939

A MORTE

A morte vem de longe
Do fundo dos céus
Vem para os meus olhos
Virá para os teus
Desce das estrelas
Das brancas estrelas
As loucas estrelas
Trânsfugas de Deus
Chega impressentida
Nunca inesperada
Ela que é na vida
A grande esperada!
A desesperada
Do amor fratricida
Dos homens, ai! dos homens
Que matam a morte
Por medo da vida.

A PARTIDA

Quero ir-me embora pra estrela
Que vi luzindo no céu
Na várzea do setestrelo.
Sairei de casa à tarde
Na hora crepuscular
Em minha rua deserta
Nem uma janela aberta
Ninguém para me espiar
De vivo verei apenas
Duas mulheres serenas
Me acenando devagar.
Será meu corpo sozinho
Que há de me acompanhar
Que a alma estará vagando
Entre os amigos, num bar.
Ninguém ficará chorando
Que mãe já não terei mais
E a mulher que outrora tinha
Mais que ser minha mulher
É mãe de uma filha minha.
Irei embora sozinho
Sem angústia nem pesar
Antes contente da vida
Que não pedi, tão sofrida
Mas não perdi por ganhar.
Verei a cidade morta
Ir ficando para trás
E em frente se abrirem campos
Em flores e pirilampos
Como a miragem de tantos

Que tremeluzem no alto.
Num ponto qualquer da treva
Um vento me envolverá
Sentirei a voz molhada
Da noite que vem do mar
Chegar-me-ão falas tristes
Como a querer me entristar
Mas não serei mais lembrança
Nada me surpreenderá:
Passarei lúcido e frio
Compreensivo e singular
Como um cadáver num rio
E quando, de algum lugar
Chegar-me o apelo vazio
De uma mulher a chorar
Só então me voltarei
Mas nem adeus lhe darei
No oco raio estelar
Libertado subirei.

MARINHA

Na praia de coisas brancas
Abrem-se às ondas cativas
Conchas brancas, coxas brancas
Águas-vivas.

Aos mergulhares do bando
Afloram perspectivas
Redondas, se aglutinando
Volitivas.

E as ondas de pontas roxas
Vão e vêm, verdes e esquivas
Vagabundas, como frouxas
Entre vivas!

OS ACROBATAS

Subamos!
Subamos acima
Subamos além, subamos
Acima do além, subamos!
Com a posse física dos braços
Inelutavelmente galgaremos
O grande mar de estrelas
Através milênios de luz.

Subamos!
Como dois atletas
O rosto petrificado
No pálido sorriso do esforço
Subamos acima
Com a posse física dos braços
E os músculos desmesurados
Na calma convulsa da ascensão.

Oh, acima
Mais longe que tudo
Além, mais longe que acima do além!
Como dois acrobatas
Subamos, lentíssimos
Lá onde o infinito
De tão infinito
Nem mais nome tem
Subamos!

Tensos
Pela corda luminosa
Que pende invisível
E cujos nós são astros
Queimando nas mãos
Subamos à tona
Do grande mar de estrelas
Onde dorme a noite
Subamos!

Tu e eu, herméticos
As nádegas duras
A carótida nodosa
Na fibra do pescoço
Os pés agudos em ponta.

Como no espasmo.

E quando
Lá, acima
Além, mais longe que acima do além
Adiante do véu de Betelgeuse
Depois do país de Altair
Sobre o cérebro de Deus

Num último impulso
Libertados do espírito
Despojados da carne
Nós nos possuiremos.

E morreremos
Morreremos alto, imensamente
IMENSAMENTE ALTO.

PAISAGEM

Subi a alta colina
Para encontrar a tarde
Entre os rios cativos
A sombra sepultava o silêncio.

Assim entrei no pensamento
Da morte minha amiga
Ao pé da grande montanha
Do outro lado do poente.

Como tudo nesse momento
Me pareceu plácido e sem memória
Foi quando de repente uma menina
De vermelho surgiu no vale correndo, correndo...

BALADA DO CAVALÃO

A tarde morre bem tarde
No morro do Cavalão...
Tem um poder de sossego.
Dentro do meu coração
Quanto sangue derramado!

Balança, rede, balança...

Susana deixou minha alma
Numa grande confusão
Seu berço ficou vazio
No morro do Cavalão:
Pequena estrela da tarde.

Ah, gosto da minha vida
Sangue da minha paixão!

Levou o anjo o outro anjo
Da saudade de seu pai
Susana foi de avião
Com quinze dias de idade
Batendo todos os recordes!

Que tarde que a tarde cai!

Poeta, diz teu anseio
Que o santo te satisfaz:
Queria fazer mais um filho
Queria tanto ser pai!

Voam cardumes de aves
No cristal rosa do ar.
Vontade de ser levado
Pelas correntes do mar
Para um grande mar de sangue!

E a vida passa depressa
No morro do Cavalão
Entre tantas flores, tantas
Flores tontas, parasitas
Parasitas da nação.

Quanta garrafa vazia
Quanto limão pelo chão!

Menina, me diz um verso
Bem cheio de ingratidão?
— Era uma vez um poeta
No morro do Cavalão
Tantas fez que a dor-de-corno
Bateu com ele no chão
Arrastou ele nas pedras
Espremeu seu coração
Que pensa *usted* que saiu?
Saiu cachaça e limão.

Susana nasceu morena
E é Mello Moraes também:
É minha filha pequena
Tão boa de querer bem!

Oh, Saco de São Francisco
Que eu avisto a cavaleiro
Do morro do Cavalão!
(O Saco de São Francisco
Xavier não chama não
Há de ser sempre de Assis:
São Francisco Xavier
É nome de uma estação)
Onde está minha alegria
Meus amores onde estão?

A casa das mil janelas
É a casa do meu irmão
Lá dentro me esperam elas
Que dormem cedo com medo
Da trinca do Cavalão.

Balança, rede, balança...

CANÇÃO

Não leves nunca de mim
A filha que tu me deste
A doce, úmida, tranqüila
Filhinha que tu me deste
Deixe-a, que bem me persiga
Seu balbucio celeste.
Não leves; deixa-a comigo
Que bem me persiga, a fim
De que eu não queira comigo
A primogênita em mim
A fria, seca, encruada
Filha que a morte me deu
Que vive dessedentada
Do leite que não é seu
E que de noite me chama
Com a voz mais triste que há
E pra dizer que me ama
E pra chamar-me de pai.
Não deixes nunca partir
A filha que tu me deste
A fim de que eu não prefira
A outra, que é mais agreste
Mas que não parte de mim.

O RISO

Aquele riso foi o canto célebre
Da primeira estrela, em vão.
Milagre de primavera intacta
No sepulcro de neve
Rosa aberta ao vento, breve
Muito breve...

Não, aquele riso foi o canto célebre
Alta melodia imóvel
Gorjeio de fonte núbil
Apenas brotada, na treva...
Fonte de lábios (hora
Extremamente mágica do silêncio das aves).

Oh, música entre pétalas
Não afugentes meu amor!
Mistério maior é o sono
Se de súbito não se ouve o riso na noite.

SINOS DE OXFORD

Cantai, sinos, sinos
Cantai pelo ar
Que tão puros, nunca
Mais ireis cantar
Cantai leves, leves
E logo vibrantes
Cantai aos amantes
E aos que vão amar.

Levai vossos cantos
Às ondas do mar
E saudai as aves
Que vêm de arribar
Em bandos, em bandos
Sozinhas, do além
Oh, aves! ó sinos
Arribai também!

Sinos! dóceis, doces
Almas de sineiros
Brancos peregrinos
Do céu, companheiros
Indeléveis! rindo
Rindo sobre as águas
Do rio fugindo...
Consolai-me as mágoas!

Consolai-me as mágoas
Que não passam mais
Minhas pobres mágoas
De quem não tem paz.
Ter paz... tenho tudo
De bom e de bem...
Respondei-me, sinos:
A morte já vem?

TRECHO

Quem foi, perguntou o Celo
Que me desobedeceu?
Quem foi que entrou no meu reino
E em meu ouro remexeu?
Quem foi que pulou meu muro
E minhas rosas colheu?
Quem foi, perguntou o Celo
E a Flauta falou: Fui eu.

Mas quem foi, a Flauta disse
Que no meu quarto surgiu?
Quem foi que me deu um beijo
E em minha cama dormiu?
Quem foi que me fez perdida
E que me desiludiu?
Quem foi, perguntou a Flauta
E o velho Celo sorriu.

MAR

Na melancolia de teus olhos
Eu sinto a noite se inclinar
E ouço as cantigas antigas
            Do mar.

Nos frios espaços de teus braços
Eu me perco em carícias de água
E durmo escutando em vão
            O silêncio.

E anseio em teu misterioso seio
Na atonia das ondas redondas
Náufrago entregue ao fluxo forte
            Da morte.

BALADA DA PRAIA DO VIDIGAL

A lua foi companheira
Na praia do Vidigal
Não surgiu, mas mesmo oculta
Nos recordou seu luar
Teu ventre de maré cheia
Vinha em ondas me puxar
Eram-me os dedos de areia
Eram-te os lábios de sal.

Na sombra que ali se inclina
Do rochedo em miramar
Eu soube te amar, menina
Na praia do Vidigal...
Havia tanto silêncio
Que para o desencantar
Nem meus clamores de vento
Nem teus soluços de água.
Minhas mãos te confundiam
Com a fria areia molhada
Vencendo as mãos dos alísios
Nas ondas da tua saia.
Meus olhos baços de brumas
Junto aos teus olhos de alga
Viam-te envolta de espumas
Como a menina afogada.
E que doçura entregar-me
Àquela mole de peixes
Cegando-te o olhar vazio
Com meu cardume de beijos!
Muito lutamos, menina

Naquele pego selvagem
Entre areias assassinas
Junto ao rochedo da margem.
Três vezes submergiste
Três vezes voltaste à flor
E te afogaras não fossem
As redes do meu amor.
Quando voltamos, a noite
Parecia em tua face
Tinhas vento em teus cabelos
Gotas d'água em tua carne.
No verde lençol da areia
Um marco ficou cavado
Moldando a forma de um corpo
No meio da cruz de uns braços.
Talvez que o marco, criança
Já o tenha lavado o mar
Mas nunca leva a lembrança
Daquela noite de amores
Na praia do Vidigal.

CÂNTICO

Não, tu não és um sonho, és a existência
Tens carne, tens fadiga e tens pudor
No calmo peito teu. Tu és a estrela
Sem nome, és a morada, és a cantiga
Do amor, és luz, és lírio, namorada!
Tu és todo o esplendor, o último claustro
Da elegia sem fim, anjo! mendiga
Do triste verso meu. Ah, fosses nunca
Minha, fosses a idéia, o sentimento
Em mim, fosses a aurora, o céu da aurora
Ausente, amiga, eu não te perderia!
Amada! onde te deixas, onde vagas
Entre as vagas flores? e por que dormes
Entre os vagos rumores do mar? Tu
Primeira, última, trágica, esquecida
De mim! És linda, és alta! és sorridente
És como o verde do trigal maduro
Teus olhos têm a cor do firmamento
Céu castanho da tarde — são teus olhos!
Teu passo arrasta a doce poesia
Do amor! prende o poema em forma e cor
No espaço; para o astro do poente
És o levante, és o Sol! eu sou o gira
O gira, o girassol. És a soberba
Também, a jovem rosa purpurina
És rápida também, como a andorinha!
Doçura! lisa e murmurante... a água
Que corre no chão morno da montanha
És tu; tens muitas emoções; o pássaro
Do trópico inventou teu meigo nome

Duas vezes, de súbito encantado!
Dona do meu amor! sede constante
Do meu corpo de homem! melodia
Da minha poesia extraordinária!
Por que me arrastas? Por que me fascinas?
Por que me ensinas a morrer? teu sonho
Me leva o verso à sombra e à claridade.
Sou teu irmão, és minha irmã; padeço
De ti, sou teu cantor humilde e terno
Teu silêncio, teu trêmulo sossego
Triste, onde se arrastam nostalgias
Melancólicas, ah, tão melancólicas...

Amiga, entra de súbito, pergunta
Por mim, se eu continuo a amar-te; ri
Esse riso que é tosse de ternura
Carrega-me em teu seio, louca! sinto
A infância em teu amor! cresçamos juntos
Como se fora agora, e sempre; demos
Nomes graves às coisas impossíveis
Recriemos a mágica do sonho
Lânguida! ah, que o destino nada pode
Contra esse teu langor; és o penúltimo
Lirismo! encosta a tua face fresca
Sobre o meu peito nu, ouves? é cedo
Quanto mais tarde for, mais cedo! a calma
É o último suspiro da poesia
O mar é nosso, a rosa tem seu nome
E recende mais pura ao seu chamado.
Julieta! Carlota! Beatriz!

Oh, deixa-me brincar, que te amo tanto
Que se não brinco, choro, e desse pranto
Desse pranto sem dor, que é o único amigo
Das horas más em que não estás comigo.

A UM PASSARINHO

Para que vieste
Na minha janela
Meter o nariz?
Se foi por um verso
Não sou mais poeta
Ando tão feliz!
Se é para uma prosa
Não sou Anchieta
Nem venho de Assis.

Deixa-te de histórias
Some-te daqui!

ESTRELA POLAR

Eu vi a estrela polar
Chorando em cima do mar
Eu vi a estrela polar
Nas costas de Portugal!

Desde então não seja Vênus
A mais pura das estrelas
A estrela polar não brilha
Se humilha no firmamento
Parece uma criancinha
Enjeitada pelo frio
Estrelinha franciscana
Teresinha, mariana
Perdida no pólo Norte
De toda a tristeza humana.

SONETO DO MAIOR AMOR

Maior amor nem mais estranho existe
Que o meu, que não sossega a coisa amada
E quando a sente alegre, fica triste
E se a vê descontente, dá risada.

E que só fica em paz se lhe resiste
O amado coração, e que se agrada
Mais da eterna aventura em que persiste
Que de uma vida mal-aventurada.

Louco amor meu, que quando toca, fere
E quando fere vibra, mas prefere
Ferir a fenecer — e vive a esmo

Fiel à sua lei de cada instante
Desassombrado, doido, delirante
Numa paixão de tudo e de si mesmo.

Oxford, 1938

IMITAÇÃO DE RILKE

Alguém que me espia do fundo da noite
Com olhos imóveis brilhando na noite
Me quer.

Alguém que me espia do fundo da noite
(Mulher que me ama, perdida na noite?)
Me chama.

Alguém que me espia do fundo da noite
(És tu, Poesia, velando na noite?)
Me quer.

Alguém que me espia do fundo da noite
(Também chega a Morte dos ermos da noite...)
Quem é?

EPITÁFIO

Aqui jaz o Sol
Que criou a aurora
E deu a luz ao dia
E apascentou a tarde

O mágico pastor
De mãos luminosas
Que fecundou as rosas
E as despetalou.

Aqui jaz o Sol
O andrógino meigo
E violento, que

Possuiu a forma
De todas as mulheres
E morreu no mar.

Oxford, 1939

SONETO DE VÉSPERA

Quando chegares e eu te vir chorando
De tanto te esperar, que te direi?
E da angústia de amar-te, te esperando
Reencontrada, como te amarei?

Que beijo teu de lágrimas terei
Para esquecer o que vivi lembrando
E que farei da antiga mágoa quando
Não puder te dizer por que chorei?

Como ocultar a sombra em mim suspensa
Pelo martírio da memória imensa
Que a distância criou — fria de vida

Imagem tua que eu compus serena
Atenta ao meu apelo e à minha pena
E que quisera nunca mais perdida...

Oxford, 1939

BALADA DO MANGUE

Pobres flores gonocócicas
Que à noite despetalais
As vossas pétalas tóxicas!
Pobre de vós, pensas, murchas
Orquídeas do despudor
Não sois *Lælia* tenebrosa
Nem sois Vanda tricolor:
Sois frágeis, desmilingüidas
Dálias cortadas ao pé
Corolas descoloridas
Enclausuradas sem fé.
Ah, jovens putas das tardes
O que vos aconteceu
Para assim envenenardes
O pólen que Deus vos deu?
No entanto crispais sorrisos
Em vossas jaulas acesas
Mostrando o rubro das presas
Falando coisas do amor
E às vezes cantais uivando
Como cadelas à lua
Que em vossa rua sem nome
Rola perdida no céu...
Mas que brilho mau de estrela
Em vossos olhos lilases
Percebo quando, falazes,
Fazeis rapazes entrar!
Sinto então nos vossos sexos
Formarem-se imediatos
Os venenos putrefatos

Com que os envenenar
Ó misericordiosas!
Glabras, glúteas caftinas
Embebidas em jasmim
Jogando cantos felizes
Em perspectivas sem fim
Cantais, maternais hienas
Canções de caftinizar
Gordas polacas serenas
Sempre prestes a chorar.
Como sofreis, que silêncio
Não deve gritar em vós
Esse imenso, atroz silêncio
Dos santos e dos heróis!
E o contraponto de vozes
Com que ampliais o mistério
Como é semelhante às luzes
Votivas de um cemitério
Esculpido de memórias!
Pobres, trágicas mulheres
Multidimensionais
Ponto morto de choferes
Passadiço de navais!
Louras mulatas francesas
Vestidas de Carnaval:
Viveis a festa das flores
Pelo convés dessas ruas
Ancoradas no canal?
Para onde irão vossos cantos
Para onde irá vossa nau?

Por que vos deixais imóveis
Alérgicas sensitivas
Nos jardins desse hospital
Etílico e heliotrópico?
Por que não vos trucidais
Ó inimigas? ou bem
Não ateais fogo às vestes
E vos lançais como tochas
Contra esses homens de nada
Nessa terra-de-ninguém!

SONETO A OTÁVIO DE FARIA

Não te vira cantar sem voz, chorar
Sem lágrimas, e lágrimas e estrelas
Desencantar, e mudo recolhê-las
Para lançá-las fulgurando ao mar?

Não te vira no bojo secular
Das praias, desmaiar de êxtase nelas
Ao cansaço viril de percorrê-las
Entre os negros abismos do luar?

Não te vira ferir o indiferente
Para lavar os olhos da impostura
De uma vida que cala e que consente?

Vira-te tudo, amigo! coisa pura
Arrancada da carne intransigente
Pelo trágico amor da criatura.

Oxford, 1939

O ESCÂNDALO DA ROSA

Oh rosa que raivosa
Assim carmesim
Quem te fez zelosa
O carme tão ruim?

Que anjo ou que pássaro
Roubou tua cor
Que ventos passaram
Sobre o teu pudor

Coisa milagrosa
De rosa de mate
De bom para mim

Rosa glamourosa?
Oh rosa que escarlate:
No mesmo jardim!

SONETO AO INVERNO

Inverno, doce inverno das manhãs
Translúcidas, tardias e distantes
Propício ao sentimento das irmãs
E ao mistério da carne das amantes:

Quem és, que transfiguras as maçãs
Em iluminações dessemelhantes
E enlouqueces as rosas temporãs
Rosa-dos-ventos, rosa dos instantes?

Por que ruflaste as tremulantes asas
Alma do céu? o amor das coisas várias
Fez-te migrar — inverno sobre casas!

Anjo tutelar das luminárias
Preservador de santas e de estrelas...
Que importa a noite lúgubre escondê-las?

Londres, 1939

SONETO DE QUARTA-FEIRA DE CINZAS

Por seres quem me foste, grave e pura
Em tão doce surpresa conquistada
Por seres uma branca criatura
De uma brancura de manhã raiada

Por seres de uma rara formosura
Malgrado a vida dura e atormentada
Por seres mais que a simples aventura
E menos que a constante namorada

Porque te vi nascer de mim sozinha
Como a noturna flor desabrochada
A uma fala de amor, talvez perjura

Por não te possuir, tendo-te minha
Por só quereres tudo, e eu dar-te nada
Hei de lembrar-te sempre com ternura.

Rio, 1941

SAUDADE DE MANUEL BANDEIRA

Não foste apenas um segredo
De poesia e de emoção
Foste uma estrela em meu degredo
Poeta, pai! áspero irmão.

Não me abraçaste só no peito
Puseste a mão na minha mão
Eu, pequenino — tu, eleito
Poeta! pai, áspero irmão.

Lúcido, alto e ascético amigo
De triste e claro coração
Que sonhas tanto a sós contigo
Poeta, pai, áspero irmão?

SOMBRA E LUZ

I

Dança Deus!
Sacudindo o mundo
Desfigurando estrelas
Afogando o mundo
Na cinza dos céus
Sapateia, Deus
Negro na noite
Semeando brasas
No túmulo de Orfeu.

Dança, Deus! dança
Dança de horror
Que a faca que corta
Dá talho sem dor.
A Dama Negra
A rainha Euterpe
A torre de Magdalen
E o rio Jordão
Quebraram muros
Beberam absinto
Vomitaram bile
No meu coração.

E um gato e um soneto
No túmulo preto
E uma espada nua
No meio da rua
E um bezerro de ouro
Na boca do lobo
E um bruto alifante

No baile da Corte
Naquele cantinho
Cocô de ratinho
Naquele cantão
Cocô de ratão.

Violino moço fino
— Quem se rir há de apanhar.

Violão moço vadio
— Não sei quem apanhará.

II

Munevada glimou vestassudente.

Desfazendo-se em lágrimas azuis
Em mistérios nascia a madrugada
E o vampiro Nosferatu
Descia o rio
Fazendo poemas
Dizendo blasfêmias
Soltando morcegos
Bebendo hidromel
E se desencantava, minha mãe!

Ficava a rua
Ficava a praia
No fim da praia
Ficava Maria
No meio de Maria
Ficava uma rosa
Cobrindo a rosa
Uma bandeira
Com duas tíbias
E uma caveira.

Mas não era o que queria
Que era mesmo o que eu queria?
"Eu queria uma casinha
Com varanda para o mar
Onde brincasse a andorinha
E onde chegasse o luar
Com vinhas nessa varanda
E vacas na vacaria
Com vinho verde e vianda
Que nem Carlito queria."

Nunca mais, nunca mais!
As luzes já se apagavam
Os mortos mortos de frio
Se enrolavam nos sudários
Fechavam a tampa da cova
Batendo cinco pancadas.

Que fazer senão morrer?

III

Pela estrada plana, toc-toc-toc
As lágrimas corriam.
As primeiras mulheres
Saíam toc-toc na manhã
O mundo despertava! em cada porta
Uma esposa batia toc-toc
E os homens caminhavam na manhã.
Logo se acenderão as forjas
Fumarão as chaminés
Se caldeará o aço da carne
Em breve os ferreiros toc-toc
Martelarão o próprio sexo
E os santos marceneiros roc-roc
Mandarão berços para Belém.
Ouve a cantiga dos navios
Convergindo dos temporais para os portos
Ouve o mar
Rugindo em cóleras de espuma
Have mercy on me O Lord
Send me Isaias
I need a poet
To sing me ashore.

Minha luz ficou aberta
Minha cama ficou feita
Minha alma ficou deserta
Minha carne insatisfeita.

AZUL E BRANCO

Concha e cavalo-marinho
Mote de Pedro Nava

Poema em louvor do edifício
do Ministério da Educação

I

Massas geométricas
Em pautas de música
Plástica e silêncio
Do espaço criado.

Concha e cavalo-marinho.

O mar vos deu em corola
O céu vos imantou
Mas a luz refez o equilíbrio.

Concha e cavalo-marinho.

Vênus anadiômena
Multípede e alada
Os seios azuis
Dando leite à tarde
Viu-vos Eupalinos
No espelho convexo
Da gota que o orvalho
Escorreu da noite
Nos lábios da aurora.

Concha e cavalo-marinho.

Pálpebras cerradas
Ao poder violeta
Sombras projetadas
Em mansuetude
Sublime colóquio
Da forma com a eternidade.

Concha e cavalo-marinho.

II

Na verde espessura
Do fundo do mar
Nasce a arquitetura.

Da cal das conchas
Do sumo das algas
Da vida dos polvos
Sobre tentáculos
Do amor dos pólipos
Que estratifica abóbadas
Da ávida mucosa
Das rubras anêmonas
Que argamassa peixes
Da salgada célula
De estranha substância
Que dá peso ao mar.

Concha e cavalo-marinho.

Concha e cavalo-marinho:
Os ágeis sinuosos
Que o raio de luz
Cortando transforma
Em claves de sol
E o amor do infinito
Retifica em hastes
Antenas paralelas
Propícias à eterna
Incursão da música.

Concha e cavalo-marinho

III

Azul... Azul...

Azul e Branco
Azul e Branco
Azul e Branco
Azul e Branco
Azul e Branco
Azul e Branco
Azul e Branco
Azul e Branco
Azul e Branco
Azul e Branco
Azul e Branco
Azul e Branco
Azul e Branco
Azul e Branco

Concha...
            e cavalo-marinho.

BALADA DE PEDRO NAVA
(O ANJO E O TÚMULO)

I

Meu amigo Pedro Nava
Em que navio embarcou:
A bordo do Westphalia
Ou a bordo do Lidador?

Em que antárticas espumas
Navega o navegador
Em que brahmas, em que brumas
Pedro Nava se afogou?

Juro que estava comigo
Há coisa de não faz muito
Enchendo bem a caveira
Ao seu eterno defunto.

Ou não era Pedro Nava
Quem me falava aqui junto
Não era o Nava de fato
Nem era o Nava defunto?...

Se o tivesse aqui comigo
Tudo se solucionava
Diria ao garçom: Escanção!
Uma *pedra* a Pedro Nava!

Uma pedra a Pedro Nava
Nessa pedra uma inscrição:
"— *deste que muito te amava*
teu amigo, teu irmão..."

Mas oh, não! que ele não morra
Sem escutar meu segredo
Estou nas garras da Cachorra
Vou ficar louco de medo

Preciso muito falar-lhe
Antes que chegue amanhã:
Pedro Nava, meu amigo
DESCEU O LEVIATÃ!

II

A moça dizia à lua
Minha carne é cor-de-rosa
Não é verde como a tua
Eu sou jovem e formosa.
Minhas maminhas — a moça
À lua mostrava as suas —
Têm a brancura da louça
Não são negras como as tuas.
E ela falava: Meu ventre
É puro — e o deitava à lua
A lua que o sangra dentro
Quem haverá que a possua?
Meu sexo — a moça jogada
Entreabria-se nua —
É o sangue da madrugada
Na triste noite sem lua.
Minha pele é viva e quente
Lança o teu raio mais frio
Sobre o meu corpo inocente...
Sente o teu como é vazio.

III

A sombra decapitada
Caiu fria sobre o mar...
Quem foi a voz que chamou?
Quem foi a voz que chamou?

— Foi o cadáver do anjo
Que morto não se enterrou.

Nas vagas boiavam virgens
Desfiguradas de horror...
O homem pálido gritava:
Quem foi a voz que chamou?

— Foi o extático Adriático
Chorando o seu paramor.

De repente, no céu ermo
A lua se consumou...
O mar deu túmulo à lua.
Quem foi a voz que chamou?

— Foi a cabeça cortada
Na praia do Arpoador.

O mar rugia tão forte
Que o homem se debruçou
Numa vertigem de morte:
Quem foi a voz que chamou?

— Foi a eterna alma penada
Daquele que não amou.

No abismo escuro das fragas
Descia o disco brilhante
Sumindo por entre as águas...
Oh lua em busca do amante!

E o sopro da ventania
Vinha e desaparecia.

Negro cárcere da morte
Branco cárcere da dor
Luz e sombra da alvorada...
A voz amada chamou!

E um grande túmulo veio
Se desvendando no mar
Boiava ao sabor das ondas
Que o não queriam tragar.

Tinha uma laje e uma lápide
Com o nome de uma mulher
Mas de quem era esse nome
Nunca o pudesse dizer.

BALADA DAS MENINAS DE BICICLETA

Meninas de bicicleta
Que fagueiras pedalais
Quero ser vosso poeta!
Ó transitórias estátuas
Esfuziantes de azul
Louras com peles mulatas
Princesas da zona sul:
As vossas jovens figuras
Retesadas nos selins
Me prendem, com serem puras
Em redondilhas afins.
Que lindas são vossas quilhas
Quando as praias abordais!
E as nervosas panturrilhas
Na rotação dos pedais:
Que douradas maravilhas!
Bicicletai, meninada
Aos ventos do Arpoador
Solta a flâmula agitada
Das cabeleiras em flor
Uma correndo à gandaia
Outra com jeito de séria
Mostrando as pernas sem saia
Feitas da mesma matéria.
Permanecei! vós que sois
O que o mundo não tem mais
Juventude de maiôs
Sobre máquinas da paz
Enxames de namoradas
Ao sol de Copacabana

Centauresas transpiradas
Que o leque do mar abana!
A vós o canto que inflama
Os meus trint'anos, meninas
Velozes massas em chama
Explodindo em vitaminas.
Bem haja a vossa saúde
À humanidade inquieta
Vós cuja ardente virtude
Preservais muito amiúde
Com um selim de bicicleta
Vós que levais tantas raças
Nos corpos firmes e crus:
Meninas, soltai as alças
Bicicletai seios nus!
No vosso rastro persiste
O mesmo eterno poeta
Um poeta — essa coisa triste
Escravizada à beleza
Que em vosso rastro persiste,
Levando a sua tristeza
No quadro da bicicleta.

POEMA DE NATAL

Para isso fomos feitos:
Para lembrar e ser lembrados
Para chorar e fazer chorar
Para enterrar os nossos mortos —
Por isso temos braços longos para os adeuses
Mãos para colher o que foi dado
Dedos para cavar a terra.

Assim será a nossa vida:
Uma tarde sempre a esquecer
Uma estrela a se apagar na treva
Um caminho entre dois túmulos —
Por isso precisamos velar
Falar baixo, pisar leve, ver
A noite dormir em silêncio.

Não há muito que dizer:
Uma canção sobre um berço
Um verso, talvez, de amor
Uma prece por quem se vai —
Mas que essa hora não esqueça
E por ela os nossos corações
Se deixem, graves e simples.

Pois para isso fomos feitos:
Para a esperança no milagre
Para a participação da poesia
Para ver a face da morte —
De repente nunca mais esperaremos...
Hoje a noite é jovem; da morte, apenas
Nascemos, imensamente.

O DIA DA CRIAÇÃO

Macho e fêmea os criou.
Bíblia: *Gênese*, 1,27

I

Hoje é sábado, amanhã é domingo
A vida vem em ondas, como o mar
Os bondes andam em cima dos trilhos
E Nosso Senhor Jesus Cristo morreu na Cruz para nos salvar.

Hoje é sábado, amanhã é domingo
Não há nada como o tempo para passar
Foi muita bondade de Nosso Senhor Jesus Cristo
Mas por via das dúvidas livrai-nos meu Deus de todo mal.

Hoje é sábado, amanhã é domingo
Amanhã não gosta de ver ninguém bem
Hoje é que é o dia do presente
O dia é sábado.

Impossível fugir a essa dura realidade
Neste momento todos os bares estão repletos de homens vazios
Todos os namorados estão de mãos entrelaçadas
Todos os maridos estão funcionando regularmente
Todas as mulheres estão atentas
Porque hoje é sábado.

II

Neste momento há um casamento
Porque hoje é sábado
Há um divórcio e um violamento
Porque hoje é sábado
Há um homem rico que se mata
Porque hoje é sábado
Há um incesto e uma regata
Porque hoje é sábado
Há um espetáculo de gala
Porque hoje é sábado
Há uma mulher que apanha e cala
Porque hoje é sábado
Há um renovar-se de esperanças
Porque hoje é sábado
Há uma profunda discordância
Porque hoje é sábado
Há um sedutor que tomba morto
Porque hoje é sábado
Há um grande espírito de porco
Porque hoje é sábado
Há uma mulher que vira homem
Porque hoje é sábado
Há criancinhas que não comem
Porque hoje é sábado
Há um piquenique de políticos
Porque hoje é sábado
Há um grande acréscimo de sífilis
Porque hoje é sábado

Há um ariano e uma mulata
Porque hoje é sábado
Há uma tensão inusitada
Porque hoje é sábado
Há adolescências seminuas
Porque hoje é sábado
Há um vampiro pelas ruas
Porque hoje é sábado
Há um grande aumento no consumo
Porque hoje é sábado
Há um noivo louco de ciúmes
Porque hoje é sábado
Há um *garden-party* na cadeia
Porque hoje é sábado
Há uma impassível lua cheia
Porque hoje é sábado
Há damas de todas as classes
Porque hoje é sábado
Umas difíceis, outras fáceis
Porque hoje é sábado
Há um beber e um dar sem conta
Porque hoje é sábado
Há uma infeliz que vai de tonta
Porque hoje é sábado
Há um padre passeando à paisana
Porque hoje é sábado
Há um frenesi de dar banana
Porque hoje é sábado

Há a sensação angustiante
Porque hoje é sábado
De uma mulher dentro de um homem
Porque hoje é sábado
Há a comemoração fantástica
Porque hoje é sábado
Da primeira cirurgia plástica
Porque hoje é sábado
E dando os trâmites por findos
Porque hoje é sábado
Há a perspectiva do domingo
Porque hoje é sábado

III

Por todas essas razões deverias ter sido riscado do Livro das
[Origens, ó Sexto Dia da Criação.
De fato, depois da *Ouverture* do *Fiat* e da divisão de luzes e trevas
E depois, da separação das águas, e depois, da fecundação da terra
E depois, da gênese dos peixes e das aves e dos animais da terra
Melhor fora que o Senhor das Esferas tivesse descansado.
Na verdade, o homem não era necessário
Nem tu, mulher, ser vegetal, dona do abismo, que queres
[como as plantas, imovelmente e nunca saciada
Tu que carregas no meio de ti o vórtice supremo da paixão.
Mal procedeu o Senhor em não descansar durante os dois
[últimos dias
Trinta séculos lutou a humanidade pela semana inglesa
Descansasse o Senhor e simplesmente não existiríamos
Seríamos talvez pólos infinitamente pequenos de partículas
[cósmicas em queda invisível na terra.
Não viveríamos da degola dos animais e da asfixia dos peixes

Não seríamos paridos em dor nem suaríamos o pão nosso de
[cada dia
Não sofreríamos males de amor nem desejaríamos a mulher
[do próximo
Não teríamos escola, serviço militar, casamento civil, imposto
[sobre a renda e missa de sétimo dia.
Seria a indizível beleza e harmonia do plano verde das terras e
[das águas em núpcias
A paz e o poder maior das plantas e dos astros em colóquio
A pureza maior do instinto dos peixes, das aves e dos animais
[em cópula.
Ao revés, precisamos ser lógicos, freqüentemente dogmáticos

Precisamos encarar o problema das colocações morais e estéticas
Ser sociais, cultivar hábitos, rir sem vontade e até praticar
[amor sem vontade
Tudo isso porque o Senhor cismou em não descansar no
[Sexto Dia e sim no Sétimo
E para não ficar com as vastas mãos abanando
Resolveu fazer o homem à sua imagem e semelhança
Possivelmente, isto é, muito provavelmente
Porque era sábado.

SONETO DE SEPARAÇÃO

De repente do riso fez-se o pranto
Silencioso e branco como a bruma
E das bocas unidas fez-se a espuma
E das mãos espalmadas fez-se o espanto.

De repente da calma fez-se o vento
Que dos olhos desfez a última chama
E da paixão fez-se o pressentimento
E do momento imóvel fez-se o drama.

De repente, não mais que de repente
Fez-se de triste o que se fez amante
E de sozinho o que se fez contente.

Fez-se do amigo próximo o distante
Fez-se da vida uma aventura errante
De repente, não mais que de repente.

Oceano Atlântico, a bordo do *Highland Patriot*,
a caminho da Inglaterra, setembro de 1938

PÁTRIA MINHA

A minha pátria é como se não fosse, é íntima
Doçura e vontade de chorar; uma criança dormindo
É minha pátria. Por isso, no exílio
Assistindo dormir meu filho
Choro de saudades de minha pátria.

Se me perguntarem o que é a minha pátria, direi:
Não sei. De fato, não sei
Como, por que e quando a minha pátria
Mas sei que a minha pátria é a luz, o sal e a água
Que elaboram e liquefazem a minha mágoa
Em longas lágrimas amargas.

Vontade de beijar os olhos de minha pátria
De niná-la, de passar-lhe a mão pelos cabelos...
Vontade de mudar as cores do vestido (auriverde!) tão feias
De minha pátria, de minha pátria sem sapatos
E sem meias, pátria minha
Tão pobrinha!

Porque te amo tanto, pátria minha, eu que não tenho
Pátria, eu semente que nasci do vento
Eu que não vou e não venho, eu que permaneço
Em contato com a dor do tempo, eu elemento
De ligação entre a ação e o pensamento
Eu fio invisível no espaço de todo adeus
Eu, o sem Deus!

Tenho-te no entanto em mim como um gemido
De flor; tenho-te como um amor morrido
A quem se jurou; tenho-te como uma fé
Sem dogma; tenho-te em tudo em que não me sinto a jeito
Nesta sala estrangeira com lareira
E sem pé-direito.

Ah, pátria minha, lembra-me uma noite no Maine, Nova
[Inglaterra
Quando tudo passou a ser infinito e nada terra
E eu vi *alfa* e *beta* de Centauro escalarem o monte até o céu
Muitos me surpreenderam parado no campo sem luz
À espera de ver surgir a Cruz do Sul
Que eu sabia, mas amanheceu...

Fonte de mel, bicho triste, pátria minha
Amada, idolatrada, salve, salve!
Que mais doce esperança acorrentada
O não poder dizer-te: aguarda...
Não tardo!

Quero rever-te, pátria minha, e para
Rever-te me esqueci de tudo
Fui cego, estropiado, surdo, mudo
Vi minha humilde morte cara a cara
Rasguei poemas, mulheres, horizontes
Fiquei simples, sem fontes.

Pátria minha... A minha pátria não é florão, nem ostenta
Lábaro não; a minha pátria é desolação
De caminhos, a minha pátria é terra sedenta
E praia branca; a minha pátria é o grande rio secular
Que bebe nuvem, come terra
E urina mar.

Mais do que a mais garrida a minha pátria tem
Uma quentura, um querer bem, um bem
Um *libertas quae sera tamen*
Que um dia traduzi num exame escrito:
"Liberta que serás também"
E repito!

Ponho no vento o ouvido e escuto a brisa
Que brinca em teus cabelos e te alisa
Pátria minha, e perfuma o teu chão...
Que vontade me vem de adormecer-me
Entre teus doces montes, pátria minha
Atento à fome em tuas entranhas
E ao batuque em teu coração.

Não te direi o nome, pátria minha
Teu nome é pátria amada, é patriazinha
Não rima com mãe gentil
Vives em mim como uma filha, que és
Uma ilha de ternura: a Ilha
Brasil, talvez.

Agora chamarei a amiga cotovia
E pedirei que peça ao rouxinol do dia
Que peça ao sabiá
Para levar-te presto este avigrama:
"Pátria minha, saudades de quem te ama...
Vinicius de Moraes".

BALADA DOS MORTOS DOS CAMPOS DE CONCENTRAÇÃO

Cadáveres de Nordhausen
Erla, Belsen e Buchenwald!
Ocos, flácidos cadáveres
Como espantalhos, largados
Na sementeira espectral
Dos ermos campos estéreis
De Buchenwald e Dachau.
Cadáveres necrosados
Amontoados no chão
Esquálidos enlaçados
Em beijos estupefatos
Como ascetas siderados
Em presença da visão.
Cadáveres putrefatos
Os magros braços em cruz
Em vossas faces hediondas
Há sorrisos de giocondas
E em vossos corpos, a luz
Que da treva cria a aurora.
Cadáveres fluorescentes
Desenraizados do pó
Que emoção não dá-me o ver-vos
Em vosso êxtase sem nervos
Em vossa prece tão-só
Grandes, góticos cadáveres!
Ah, doces mortos atônitos
Quebrados a torniquete
Vossas louras manicuras
Arrancaram-vos as unhas
No requinte de tortura

Da última toalete...
A vós vos tiraram a casa
A vós vos tiraram o nome
Fostes marcados a brasa
Depois vos mataram de fome!
Vossas peles afrouxadas
Sobre os esqueletos dão-me
A impressão que éreis tambores —
Os instrumentos do Monstro —
Desfibrados a pancada:
Ó mortos de percussão!
Cadáveres de Nordhausen
Erla, Belsen e Buchenwald!
Vós sois o húmus da terra
De onde a árvore do castigo
Dará madeira ao patíbulo
E de onde os frutos da paz
Tombarão no chão da guerra!

REPTO

Vossos olhos raros
Jovens guerrilheiros
Aos meus, cavalheiros
Fazem mil reparos...
Se entendeis amor
Com vero brigar
Combates de olhar
Não quero propor.

Sei de um bom lugar
Onde contender
E havemos de ver
Quem há de ganhar.
Não sirvo justar
Em pugna tão vã...
Que tal amanhã
Lutarmos de amar?

Em campos de paina
Pretendo reptar-vos
E em seguida dar-vos
Muita, muita faina
Guerra sem quartel
E tréguas só se
Pedires mercê
Com os olhos no céu.

Exaustão de gozo
Que tal seja a regra
E longa a refrega
Que aguardo ansioso
E caiba dizer-vos
Que inda vencedor
Sou, de vossos servos
O mais servidor...

CINEPOEMA

O preto no branco
Manuel Bandeira

O preto no banco
A branca na areia
O preto no banco
A branca na areia
Silêncio na praia
De Copacabana.

A branca no branco
Dos olhos do preto
O preto no banco
A branca no preto
Negror absoluto
Sobre um mar de leite.

A branca de bruços
O preto pungente
O mar em soluços
A espuma inocente
Canícula branca
Pretidão ardente.

A onda se alteia
Na verde laguna
A branca se enfuna
Se afunda na areia
O colo é uma duna
Que o sol incendeia.

O preto no branco
Da espuma da onda
A branca de flanco
Brancura redonda
O preto no banco
A gaivota ronda.

O negro tomado
Da linha do asfalto
O espaço imantado:
De súbito um salto
E um grito na praia
De Copacabana.

Pantera de fogo
Pretidão ardente
Onda que se quebra
Violentamente
O sol como um dardo
Vento de repente.

E a onda desmaia
A espuma espadana
A areia ventada
De Copacabana
Claro-escuro rápido
Sombra fulgurante.

Luminoso dardo
O sol rompe a nuvem
Refluxo tardo
Restos de amarugem
Sangue pela praia
De Copacabana...

O TEMPO NOS PARQUES

O tempo nos parques é íntimo, inadiável, imparticipante,
[imarcescível.
Medita nas altas frondes, na última palma da palmeira
Na grande pedra intacta, o tempo nos parques.
O tempo nos parques cisma no olhar cego dos lagos
Dorme nas furnas, isola-se nos quiosques
Oculta-se no torso muscular dos fícus, o tempo nos parques.
O tempo nos parques gera o silêncio do piar dos pássaros
Do passar dos passos, da cor que se move ao longe.
É alto, antigo, presciente o tempo nos parques
É incorruptível; o prenúncio de uma aragem
A agonia de uma folha, o abrir-se de uma flor
Deixam um frêmito no espaço do tempo nos parques.
O tempo nos parques envolve de redomas invisíveis
Os que se amam; eterniza os anseios, petrifica
Os gestos, anestesia os sonhos, o tempo nos parques.
Nos homens dormentes, nas pontes que fogem, na franja
Dos chorões, na cúpula azul o tempo perdura
Nos parques; e a pequenina cutia surpreende
A imobilidade anterior desse tempo no mundo
Porque imóvel, elementar, autêntico, profundo
É o tempo nos parques.

A MANHÃ DO MORTO

O poeta, na noite de 25 de fevereiro de 1945, sonha que vários amigos seus perderam a vida num desastre de avião, em meio a uma inexplicável viagem para São Paulo.

Noite de angústia: que sonho
Que debater-se, que treva...
... é um grande avião que leva
amigos meus no seu bojo...
... depois, a horrível notícia:
FOI UM DESASTRE MEDONHO

A mulher do poeta dá-lhe a dolorosa nova às oito da manhã, depois de uma telefonada de Rodrigo M. F. de Andrade.

Me acordam numa carícia...
O que foi que aconteceu?
Rodrigo telefonou:
MÁRIO DE ANDRADE MORREU.

Ao se levantar, o poeta sente incorporar-se a ele o amigo morto.

Ergo-me com dificuldade
Sentindo a presença dele
Do morto Mário de Andrade
Que muito maior do que eu
Mal cabe na minha pele.

Escovo os dentes na saudade
Do amigo que se perdeu
Olho o espelho: não sou eu
É o morto Mário de Andrade
Me olhando daquele espelho

Tomo o café da manhã:
Café, de Mário de Andrade.

A necessidade de falar com o amigo denominador comum, e o eco de Manuel Bandeira.

Não, meu caro, que eu me digo
Pensa com serenidade
Busca o consolo do amigo
Rodrigo M. F. de Andrade

Telefono para Rodrigo
Ouço-o; mas na realidade
A voz que me chega ao ouvido
É a voz de Mário de Andrade.

O passeio com o morto
Remate de males

E saio para a cidade
Na canícula do dia
Lembro o nome de Maria
Também de Mário de Andrade
Do poeta Mário de Andrade.

Com grande dignidade
A dignidade de um morto
Anda a meu lado, absorto
O poeta Mário de Andrade

Gesto familiar

Com a manopla no meu ombro.

Goza a delícia de ver
Em seus menores resquícios.
Seus olhos refletem assombro.
Depois me fala: Vinicius
Que ma-ra-vilha é viver!

A cara do morto

Olho o grande morto enorme
Sua cara colossal
Nessa cara lábios roxos
E a palidez sepulcral
Específica dos mortos.

Essa cara me comove
De beatitude tamanha.
Chamo-o: Mário! ele não ouve
Perdido no puro êxtase
Da beleza da manhã.

Mas caminha com hombridade
Seus ombros suportam o mundo
Como no verso inquebrável
De Carlos Drummond de Andrade
E o meu verga-se ao defunto...

O eco de Pedro Nava

Assim passeio com ele
Vou ao dentista com ele
Vou ao trabalho com ele
Como bife ao lado dele
O gigantesco defunto
Com a sua gravata brique
E a sua infantilidade.

À tarde o morto abandona subitamente o poeta para ir enterrar-se.

Somente às cinco da tarde
Senti a pressão amiga
Desfazer-se do meu ombro...
Ia o morto se enterrar
No seu caixão de dois metros.

Não pude seguir o féretro
Por circunstâncias alheias
À minha e à sua vontade
(De fato, é grande a distância
Entre uma e outra cidade...
Aliás, teria medo
Porque nunca sei se um sonho
Não pode ser realidade).
Mas sofri na minha carne
O grande enterro da carne
Do poeta Mário de Andrade
Que morreu de *angina pectoris*:

Vivo na imortalidade.

MENSAGEM A RUBEM BRAGA

Os doces montes cônicos de feno
Decassílabo solto num postal
de Rubem Braga, da Itália

A meu amigo Rubem Braga
Digam que vou, que vamos bem: só não tenho é coragem de
[escrever
Mas digam-lhe. Digam-lhe que é Natal, que os sinos
Estão batendo, e estamos no Cavalão: o Menino vai nascer
Entre as lágrimas do tempo. Digam-lhe que os tempos estão
[duros
Falta água, falta carne, falta às vezes o ar: há uma angústia
Mas fora isso vai-se vivendo. Digam-lhe que é verão no Rio
E apesar de hoje estar chovendo, amanhã certamente o céu
[se abrirá de azul
Sobre as meninas de maiô. Digam-lhe que Cachoeiro continua
[no mapa
E há meninas de maiô, altas e baixas, louras e morochas
E mesmo negras, muito engraçadinhas. Digam-lhe, entretanto
Que a falta de dignidade é considerável, e as perspectivas pobres
Mas sempre há algumas, poucas. Tirante isso, vai tudo bem
No Vermelhinho. Digam-lhe que a menina da caixa
Continua impassível, mas Caloca acha que ela está melhorando
Digam-lhe que o Ceschiatti continua tomando chope, e eu
[também
Malgrado uma avitaminose B e o fígado ligeiramente inchado.
Digam-lhe que o tédio às vezes é mortal; respira-se com a
[mais extrema

Dificuldade; bate-se, e ninguém responde. Sem embargo
Digam-lhe que as mulheres continuam passando no alto de
[seus saltos, e a moda das saias curtas
E das mangas japonesas dão-lhes um novo interesse: ficam
[muito provocantes.
O diabo é de manhã, quando se sai para o trabalho, dá uma
[tristeza, a rotina: para a tarde melhora.
Oh, digam a ele, digam a ele, a meu amigo Rubem Braga
Correspondente de guerra, 250 FEB, atualmente em algum
[lugar da Itália
Que ainda há auroras apesar de tudo, e o esporro das cigarras
Na claridade matinal. Digam-lhe que o mar no Leblon
Porquanto se encontre eventualmente cocô boiando, devido
[aos despejos
Continua a lavar todos os males. Digam-lhe, aliás
Que há cocô boiando por aí tudo, mas que em não havendo
[marola
A gente se agüenta. Digam-lhe que escrevi uma carta terna
Contra os escritores mineiros: ele ia gostar. Digam-lhe
Que outro dia vi Elza-Simpatia-é-quase-Amor. Foi para os
[Estados Unidos
E riu muito de eu lhe dizer que ela ia fazer falta à paisagem
[carioca
Seu riso me deu vontade de beber: a tarde
Ficou tensa e luminosa. Digam-lhe que outro dia, na rua Larga
Vi um menino em coma de fome (coma de fome soa esquisito,
[parece
Que havendo coma não devia haver fome: mas havia).

Mas em compensação estive depois com o Aníbal
Que embora não dê para alimentar ninguém, é um amigo.
[Digam-lhe que o Carlos
Drummond tem escrito ótimos poemas, mas eu larguei o
[*Suplemento*.
Digam-lhe que está com cara de que vai haver muita
[miséria-de-fim-de-ano
Há, de um modo geral, uma acentuada tendência para se
[beber e uma ânsia
Nas pessoas de se estrafegarem. Digam-lhe que o Compadre
[está na insulina
Mas que a Comadre está linda. Digam-lhe que de quando em
[vez o Miranda passa
E ri com ar de astúcia. Digam-lhe, oh, não se esqueçam de dizer
A meu amigo Rubem Braga, que comi camarões no Antero
Ovas na Cabaça e vatapá na Furna, e que tomei *plenty* coquinho
Digam-lhe também que o Werneck prossegue enamorado,
[está no tempo
De caju e abacaxi, e nas ruas
Já se perfumam os jasmineiros. Digam-lhe que tem havido
Poucos crimes passionais em proporção ao grande número de
[paixões
À solta. Digam-lhe especialmente
Do azul da tarde carioca, recortado
Entre o Ministério da Educação e a ABI. Não creio que haja igual
Mesmo em Capri. Digam-lhe porém que muito o invejamos
Tati e eu, e as saudades são grandes, e eu seria muito feliz
De poder estar um pouco a seu lado, fardado de
[segundo-sargento. Oh

Digam a meu amigo Rubem Braga
Que às vezes me sinto calhorda mas reajo, tenho tido meus
[maus momentos
Mas reajo. Digam-lhe que continuo aquele modesto lutador
Porém batata. Que estou perfeitamente esclarecido
E é bem capaz de nos revermos na Europa. Digam-lhe,
[discretamente,
Que isso seria uma alegria boa demais: que se ele
Não mandar buscar Zorinha e Roberto antes, que certamente
Os levaremos conosco, que quero muito
Vê-lo em Paris, em Roma, em Bucareste. Digam, oh digam
A meu amigo Rubem Braga que é pena estar chovendo aqui
Neste dia tão cheio de memórias. Mas
Que beberemos à sua saúde, e ele há de estar entre nós
O bravo capitão Braga, seguramente o maior cronista do Brasil
Grave em seu gorro de campanha, suas sobrancelhas e seu
[bigode circunflexos
Terno em seus olhos de pescador de fundo
Feroz em seu focinho de lobo solitário
Delicado em suas mãos e no seu modo de falar ao telefone
E brindaremos à sua figura, à sua poesia única, à sua revolta,
[e ao seu cavalheirismo
Para que lá, entre as velhas paredes renascentes e *os doces*
[montes cônicos de feno
Lá onde a cobra está fumando o seu moderado cigarro
[brasileiro
Ele seja feliz também, e forte, e se lembre com saudades
Do Rio, de nós todos e ai! de mim.

BALADA DA MOÇA DO MIRAMAR

Silêncio da madrugada
No Edifício Miramar...
Sentada em frente à janela
Nua, morta, deslumbrada
Uma moça mira o mar.

Ninguém sabe quem é ela
Nem ninguém há de saber
Deixou a porta trancada
Faz bem uns dois cinco dias
Já começa a apodrecer
Seus ambos joelhos de âmbar
Furam-lhe o branco da pele
E a grande flor do seu corpo
Destila um fétido mel.

Mantém-se extática em face
Da aurora em elaboração
Embora formigas pretas
Que lhe entram pelos ouvidos
Se escapem por umas gretas
Do lado do coração.
Em volta é segredo: e móveis
Imóveis na solidão...
Mas apesar da necrose
Que lhe corrói o nariz
A moça está tão sem pose
Numa ilusão tão serena
Que, certo, morreu feliz.

A vida que está na morte
Os dedos já lhe comeu
Só lhe resta um aro de ouro
Que a morte em vida lhe deu
Mas seu cabelo de ouro
Rebrilha com tanta luz
Que a sua caveira é bela
E belo é seu ventre louro
E seus pelinhos azuis.

De noite é a lua quem ama
A moça do Miramar
Enquanto o mar tece a trama
Desse conúbio lunar
Depois é o sol violento
O sol batido de vento
Que vem com furor violeta
A moça violentar.

Muitos dias se passaram
Muitos dias passarão
À noite segue-se o dia
E assim os dias se vão
E enquanto os dias se passam
Trazendo a putrefação
À noite coisas se passam...
A moça e a lua se enlaçam
Ambas mortas de paixão.

Ah, morte do amor do mundo
Ah, vida feita de dar
Ah, sonhos sempre nascendo
Ah, sonhos sempre a acabar
Ah, flores que estão crescendo
Do fundo da podridão
Ah, vermes, morte vivendo
Nas flores ainda em botão
Ah, sonhos, ah, desesperos
Ah, desespero de amar
Ah, vida sempre morrendo
Ah, moça do Miramar!

BALADA DAS ARQUIVISTAS

Oh jovens anjos cativos
Que as asas vos machucais
Nos armários dos arquivos!
Delicadas funcionárias
Designadas por padrões
Prisioneiras honorárias
Da mais fria das prisões
É triste ver-vos, suaves
Entre monstros impassíveis
Trancadas a sete chaves:
Oh, puras e imarcescíveis!
Dizer que vós, bem-amadas
Conservai-vos impolutas
Mesmo fazendo a juntada
De processos e minutas!
Não se amargam vossas bocas
De índices e prefixos
Nem lembram os olhos das loucas
Vossos doces olhos fixos.
Curvai-vos para colossos
Hollerith, de aço hostil
Como se fora ante moços
Numa pavana gentil.
Antes não classificásseis
Os maços pelos assuntos
Criando a luta de classes
Num mundo de anseios juntos!
Enfermeiras de ambições
Conheceis, mudas, a nu
O lixo das promoções

E das exonerações
A bem do serviço público.
Ó Florences Nightingale
De arquivos horizontais:
Com que zelo alimentais
Esses eunucos letais
Que se abrem com chave *yale*!
Vossa linda juventude
Clama de vós, bem-amadas!
No entanto, viveis cercadas
De coisas padronizadas
Sem sexo e sem saúde...
Ah, ver-vos em primavera
Sobre papéis de ocasião
Na melancólica espera
De uma eterna certidão!
Ah, saber que em vós existe
O amor, a ternura, a prece
E saber que isso fenece
Num arquivo feio e triste!
Deixai-me carpir, crianças
A vossa imensa desdita
Prendestes as esperanças
Numa gaiola maldita.
Do fundo do meu silêncio
Eu vos incito a lutardes
Contra o Prefixo que vence
Os anjos acorrentados
E ir passear pelas tardes
De braço com os namorados.

A VERLAINE

Em memória de uma poesia
Cuja iluminação maldita
Lembra a da estrela que medita
Sobre a putrefação do dia:

Verlaine, pobre alma sem rumo
Louco, sórdido, grande irmão
Do sangue do meu coração
Que te despreza e te compreende
Humildemente se desprende
Esta rosa para o teu túmulo.

A BOMBA ATÔMICA

$e = mc^2$
Einstein

Deusa, visão dos céus que me domina
... tu que és mulher e nada mais!
("Deusa", valsa carioca)

I

Dos céus descendo
Meu Deus eu vejo
De pára-quedas?
Uma coisa branca
Como uma forma
De estatuária
Talvez a fôrma
Do homem primitivo
A costela branca!
Talvez um seio
Despregado à lua
Talvez o anjo
Tutelar cadente
Talvez a Vênus
Nua, de clâmide
Talvez a inversa
Branca pirâmide
Do pensamento
Talvez o troço
De uma coluna

Da eternidade
Apaixonado
Não sei indago
Dizem-me todos
É A BOMBA ATÔMICA.

Vem-me uma angústia.

Quisera tanto
Por um momento
Tê-la em meus braços
A coma ao vento
Descendo nua
Pelos espaços
Descendo branca
Branca e serena
Como um espasmo
Fria e corrupta
Do longo sêmen
Da Via Láctea
Deusa impoluta
O sexo abrupto
Cubo de prata
Mulher ao cubo
Caindo aos súcubos
Intemerata
Carne tão rija
De hormônios vivos
Exacerbada
Que o simples toque

Pode rompê-la
Em cada átomo
Numa explosão
Milhões de vezes
Maior que a força
Contida no ato
Ou que a energia
Que expulsa o feto
Na hora do parto.

II

A bomba atômica é triste
Coisa mais triste não há
Quando cai, cai sem vontade
Vem caindo devagar
Tão devagar vem caindo
Que dá tempo a um passarinho
De pousar nela e voar...
Coitada da bomba atômica
Que não gosta de matar!

Coitada da bomba atômica
Que não gosta de matar
Mas que ao matar mata tudo
Animal e vegetal
Que mata a vida da terra
E mata a vida do ar
Mas que também mata a guerra...
Bomba atômica que aterra!
Pomba atônita da paz!

Pomba tonta, bomba atômica
Tristeza, consolação
Flor puríssima do urânio
Desabrochada no chão
Da cor pálida do *helium*
E odor de *radium* fatal
Lælia mineral carnívora
Radiosa rosa radical.

Nunca mais, oh bomba atômica
Nunca, em tempo algum, jamais
Seja preciso que mates
Onde houve morte demais:
Fique apenas tua imagem
Aterradora miragem
Sobre as grandes catedrais:
Guarda de uma nova era
Arcanjo insigne da paz!

III

Bomba atômica, eu te amo! és pequenina
E branca como a estrela vespertina
E por branca eu te amo, e por donzela
De dois milhões mais bélica e mais bela
Que a donzela de Orleans; eu te amo, deusa
Atroz, visão dos céus que me domina
Da cabeleira loura de platina
E das formas aerodivinais
— Que és mulher, que és mulher e nada mais!
Eu te amo, bomba atômica, que trazes
Numa dança de fogo, envolta em gases
A desagregação tremenda que espedaça
A matéria em energias materiais!
Oh energia, eu te amo, igual à massa
Pelo quadrado da velocidade
Da luz! alta e violenta potestade
Serena! Meu amor, desce do espaço
Vem dormir, vem dormir no meu regaço
Para te proteger eu me encouraço
De canções e de estrofes magistrais!
Para te defender, levanto o braço
Paro as radiações espaciais
Uno-me aos líderes e aos bardos, uno-me
Ao povo, ao mar e ao céu brado o teu nome
Para te defender, matéria dura
Que és mais linda, mais límpida e mais pura
Que a estrela matutina! Oh bomba atômica
Que emoção não me dá ver-te suspensa
Sobre a massa que vive e se condensa
Sob a luz! Anjo meu, fora preciso

Matar, com tua graça e teu sorriso
Para vencer? Tua enérgica poesia
Fora preciso, oh deslembrada e fria
Para a paz? Tua fragílima epiderme
Em cromáticas brancas de cristais
Rompendo? Oh átomo, oh neutrônio, oh germe
Da união que liberta da miséria!
Oh vida palpitando na matéria
Oh energia que és o que não eras
Quando o primeiro átomo incriado
Fecundou o silêncio das Esferas:
Um olhar de perdão para o passado
Uma anunciação de primaveras!

AURORA, COM MOVIMENTO
(POSTO 3)

A linha móvel do horizonte
Atira para cima o sol em diabolô
Os ventos de longe
Agitam docemente os cabelos da rocha
Passam em fachos o primeiro automóvel, a última estrela
A mulher que avança
Parece criar esferas exaltadas pelo espaço
Os pescadores puxando o arrastão parecem mover o mundo
O cardume de botos na distância parece mover o mar.

SACRIFÍCIO DA AURORA

Um dia a Aurora chegou-se
Ao meu quarto de marfim
E com seu riso mais doce
Deitou-se junto de mim
Beijei-lhe a boca orvalhada
E a carne tímida e exangue
A carne não tinha sangue
A boca sabia a nada.

Apaixonei-me da Aurora
No meu quarto de marfim
Todo o dia à mesma hora
Amava-a só para mim
Palavras que me dizia
Transfiguravam-se em neve
Era-lhe o peso tão leve
Era-lhe a mão tão macia.

Às vezes me adormecia
No meu quarto de marfim
Para acordar, outro dia
Com a Aurora longe de mim
Meu desespero covarde
Levava-me dia afora
Andando em busca da Aurora
Sem ver Manhã, sem ver Tarde.

Hoje, ai de mim, de cansado
Há dias que até da vida
Durmo com a Noite, ausentado
Da minha Aurora esquecida...
É que apesar de sombria
Prefiro essa grande louca
À Aurora, que além de pouca
É fria, meu Deus, é fria!

CREPÚSCULO EM NEW YORK

Oito milhões de solitários
Fernando Sabino

Com um gesto fulgurante o Arcanjo Gabriel
Abre de par em par o pórtico do poente
Sobre New York. A gigantesca espada de ouro
A faiscar simetria, ei-lo que monta guarda
A *Heavens, Incorporations*. Do crepúsculo
Baixam serenamente as pontes levadiças
De *U.S.A. Sun* até a ilha de Manhattan.
Agora é tudo anúncio, irradiação, promessa
Da Divina Presença. No imo da matéria
Os átomos aquietam-se e cria-se o vazio
Em cada coração de bicho, coisa e gente.

E o silêncio se deixa assim, profundamente...

Mas súbito sobe do abismo um som crestado
De saxofone, e logo a atroz polifonia
De cordas e metais, síncopas, arreganhos
De jazz negro, vindos de Fifty Second Street.
New York acorda para a noite. Oito milhões
De solitários se dissolvem pelas ruas
Sem manhã. New York entrega-se.

Do páramo
Balizas celestiais põem-se a brotar, vibrantes
À frente da parada, enquanto anjos em *nylon*
As asas de alumínio, as coxas palpitantes
Fluem langues da Grande Porta diamantina.

Cai o câmbio da tarde. O Sublime Arquiteto
Satisfeito, do céu admira sua obra.
A maquete genial reflete em cada vidro
O olho meigo de Deus a dardejar ternuras.
Como é bela New York! Aço e concreto armado
A erguer sempre mais alto eternas estruturas!
Deus sorri complacente. New York é muito bela!
Apesar do East Side, e da mancha amarela
De Chinatown, e da mancha escura do Harlem
New York é muito bela!

As primeiras estrelas
Afinam na amplidão cantilenas singelas...
Mas Deus, que mudou muito, desde que enriqueceu
Liga a chave que acende a Broadway e apaga o céu
Pois às constelações que no espaço esparziu
Prefere hoje os *ersätze* sobre La Guardia Field.

O RIO

Uma gota de chuva
A mais, e o ventre grávido
Estremeceu, da terra.

Através de antigos
Sedimentos, rochas
Ignoradas, ouro
Carvão, ferro e mármore
Um fio cristalino
Distante milênios
Partiu fragilmente
Sequioso de espaço
Em busca de luz.

Um rio nasceu.

BILHETE A BAUDELAIRE

Poeta, um pouco à tua maneira
E para distrair o *spleen*
Que estou sentindo vir a mim
Em sua ronda costumeira

Folheando-te, reencontro a rara
Delícia de me deparar
Com tua sordidez preclara
Na velha foto de Carjat

Que não revia desde o tempo
Em que te lia e te relia
A ti, a Verlaine, a Rimbaud...

Como passou depressa o tempo
Como mudou a poesia
Como teu rosto não mudou!

Los Angeles, 1947

POEMA ENJOADINHO

Filhos... Filhos?
Melhor não tê-los!
Mas se não os temos
Como sabê-lo?
Se não os temos
Que de consulta
Quanto silêncio
Como os queremos!
Banho de mar
Diz que é um porrete...
Cônjuge voa
Transpõe o espaço
Engole água
Fica salgada
Se iodifica
Depois, que boa
Que morenaço
Que a esposa fica!
Resultado: filho.
E então começa
A aporrinhação:
Cocô está branco
Cocô está preto
Bebe amoníaco
Comeu botão.
Filhos? Filhos
Melhor não tê-los
Noites de insônia
Cãs prematuras
Prantos convulsos

Meu Deus, salvai-o!
Filhos são o demo
Melhor não tê-los...
Mas se não os temos
Como sabê-los?
Como saber
Que macieza
Nos seus cabelos
Que cheiro morno
Na sua carne
Que gosto doce
Na sua boca!
Chupam gilete
Bebem xampu
Ateiam fogo
No quarteirão
Porém, que coisa
Que coisa louca
Que coisa linda
Que os filhos são!

SONETO DO SÓ
(PARÁBOLA DE MALTE LAURIDS BRIGGE)

Depois foi só. O amor era mais nada
Sentiu-se pobre e triste como Jó
Um cão veio lamber-lhe a mão na estrada
Espantado, parou. Depois foi só.

Depois veio a poesia ensimesmada
Em espelhos. Sofreu de fazer dó
Viu a face do Cristo ensangüentada
Da sua imagem — e orou. Depois foi só.

Depois veio o verão e veio o medo
Desceu de seu castelo até o rochedo
Sobre a noite e do mar lhe veio a voz

A anunciar os anjos sanguinários...
Depois cerrou os olhos solitários
E só então foi totalmente a sós.

Rio, 1946

A PÊRA

Como de cera
E por acaso
Fria no vaso
A entardecer

A pêra é um pomo
Em holocausto
À vida, como
Um seio exausto

Entre bananas
Supervenientes
E maçãs lhanas

Rubras, contentes
A pobre pêra:
Quem manda ser a?

Los Angeles, 1947

A PAIXÃO DA CARNE

Envolto em toalhas
Frias, pego ao colo
O corpo escaldante.
Tem apenas dois anos
E embora não fale
Sorri com doçura.
É Pedro, meu filho
Sêmen feito carne
Minha criatura
Minha poesia.
É Pedro, meu filho
Sobre cujo sono
Como sobre o abismo
Em noites de insônia
Um pai se debruça.
Olho no termômetro:
Quarenta e oito décimos
E através do pano
A febre do corpo
Bafeja-me o rosto
Penetra-me os ossos
Desce-me às entranhas
Úmida e voraz
Angina pultácea
Estreptocócica?
Quem sabe... quem sabe...
Aperto meu filho
Com força entre os braços
Enquanto crisálidas
Em mim se desfazem

Óvulos se rompem
Crostas se bipartem
E de cada poro
Da minha epiderme
Lutam lepidópteros
Por se libertar.
Ah, que eu já sentisse
Os êxtases máximos
Da carne nos rasgos
Da paixão espúria!
Ah, que eu já bradasse
Nas horas de exalta-
Ção os mais lancinantes
Gritos de loucura!
Ah, que eu já queimasse
Da febre mais quente
Que jamais queimasse
A humana criatura!
Mas nunca como antes
Nunca! nunca! nunca!
Nem paixão tão alta
Nem febre tão pura.

A ROSA DE HIROXIMA

Pensem nas crianças
Mudas telepáticas
Pensem nas meninas
Cegas inexatas
Pensem nas mulheres
Rotas alteradas
Pensem nas feridas
Como rosas cálidas
Mas oh não se esqueçam
Da rosa da rosa
Da rosa de Hiroxima
A rosa hereditária
A rosa radioativa
Estúpida e inválida
A rosa com cirrose
A anti-rosa atômica
Sem cor sem perfume
Sem rosa sem nada.

CONJUGAÇÃO DA AUSENTE

Foram precisos mais dez anos e oito quilos
Muitas cãs e um princípio de abdômen
(Sem falar na Segunda Grande Guerra, na descoberta da
[penicilina e na desagregação do átomo)
Foram precisos dois filhos e sete casas
(Em lugares como São Paulo, Londres, Cascais, Ipanema
[e Hollywood)
Foram precisos três livros de poesia e uma operação de
[apendicite
Algumas prevaricações e um *exequatur*
Fora preciso a aquisição de uma consciência política
E de incontáveis garrafas; fora preciso um desastre de avião
Foram precisas separações, tantas separações
Uma separação...

Tua graça caminha pela casa.
Moves-te blindada em abstrações, como um T. Trazes
A cabeça enterrada nos ombros qual escura
Rosa sem haste. És tão profundamente
Que irrelevas as coisas, mesmo do pensamento.
A cadeira é cadeira e o quadro é quadro
Porque te participam. Fora, o jardim
Modesto como tu, murcha em antúrios
A tua ausência. As folhas te outonam, a grama te
Quer. És vegetal, amiga...
Amiga! direi baixo o teu nome
Não ao rádio ou ao espelho, mas à porta
Que te emoldura, fatigada, e ao
Corredor que pára
Para te andar, adunca, inutilmente

Rápida. Vazia a casa
Raios, no entanto, desse olhar sobejo
Oblíquos cristalizam tua ausência.
Vejo-te em cada prisma, refletindo
Diagonalmente a múltipla esperança
E te amo, te venero, te idolatro
Numa perplexidade de criança.

O FILHO DO HOMEM

O mundo parou
A estrela morreu
No fundo da treva
O infante nasceu.

Nasceu num estábulo
Pequeno e singelo
Com boi e charrua
Com foice e martelo.

Ao lado do infante
O homem e a mulher
Uma tal Maria
Um José qualquer.

A noite o fez negro
Fogo o avermelhou
A aurora nascente
Todo o amarelou.

O dia o fez branco
Branco como a luz
À falta de um nome
Chamou-se Jesus.

Jesus pequenino
Filho natural
Ergue-te, menino
É triste o Natal.

Natal de 1947

SONETO DE ANIVERSÁRIO

Passem-se dias, horas, meses, anos
Amadureçam as ilusões da vida
Prossiga ela sempre dividida
Entre compensações e desenganos.

Faça-se a carne mais envilecida
Diminuam os bens, cresçam os danos
Vença o ideal de andar caminhos planos
Melhor que levar tudo de vencida.

Queira-se antes ventura que aventura
À medida que a têmpora embranquece
E fica tenra a fibra que era dura.

E eu te direi: amiga minha, esquece...
Que grande é este amor meu de criatura
Que vê envelhecer e não envelhece.

Rio, 1942

POÉTICA

De manhã escureço
De dia tardo
De tarde anoiteço
De noite ardo.

A oeste a morte
Contra quem vivo
Do sul cativo
O este é meu norte.

Outros que contem
Passo por passo:
Eu morro ontem

Nasço amanhã
Ando onde há espaço:
— Meu tempo é quando.

Nova York, 1950

ELEGIA NA MORTE DE CLODOALDO PEREIRA DA SILVA MORAES, POETA E CIDADÃO

A morte chegou pelo interurbano em longas espirais
[metálicas.
Era de madrugada. Ouvi a voz de minha mãe, viúva.
De repente não tinha pai.
No escuro de minha casa em Los Angeles procurei recompor
[tua lembrança
Depois de tanta ausência. Fragmentos da infância
Boiaram do mar de minhas lágrimas. Vi-me eu menino
Correndo ao teu encontro. Na ilha noturna
Tinham-se apenas acendido os lampiões a gás, e a clarineta
De Augusto geralmente procrastinava a tarde.
Era belo esperar-te, cidadão. O bondinho
Rangia nos trilhos a muitas praias de distância
Dizíamos: "E-vem meu pai!". Quando a curva
Se acendia de luzes semoventes, ah, corríamos
Corríamos ao teu encontro. A grande coisa era chegar antes
Mas ser marraio em teus braços, sentir por último
Os doces espinhos da tua barba.
Trazias de então uma expressão indizível de fidelidade e
[paciência
Teu rosto tinha os sulcos fundamentais da doçura
De quem se deixou ser. Teus ombros possantes
Se curvavam como ao peso da enorme poesia
Que não realizaste. O barbante cortava teus dedos
Pesados de mil embrulhos: carne, pão, utensílios
Para o cotidiano (e freqüentemente o binóculo
Que vivias comprando e com que te deixavas horas inteiras
Mirando o mar). Dize-me, meu pai
Que viste tantos anos através do teu óculo-de-alcance
Que nunca revelaste a ninguém?

Vencias o percurso entre a amendoeira e a casa como
[o atleta exausto no último lance da maratona.
Te grimpávamos. Eras penca de filho. Jamais
Uma palavra dura, um rosnar paterno. Entravas a casa
[humilde
A um gesto do mar. A noite se fechava
Sobre o grupo familial como uma grande porta espessa.

*

Muitas vezes te vi desejar. Desejavas. Deixavas-te olhando
[o mar
Com mirada de argonauta. Teus pequenos olhos feios
Buscavam ilhas, outras ilhas... — as imaculadas, inacessíveis
Ilhas do Tesouro. Querias. Querias um dia aportar
E trazer — depositar aos pés da amada as jóias fulgurantes
Do teu amor. Sim, foste descobridor, e entre eles
Dos mais provectos. Muitas vezes te vi, comandante
Comandar, batido de ventos, perdido na fosforescência
De vastos e noturnos oceanos
Sem jamais.

Deste-nos pobreza e amor. A mim me deste
A suprema pobreza: o dom da poesia, e a capacidade
[de amar
Em silêncio. Foste um pobre. Mendigavas nosso amor
Em silêncio. Foste um no lado esquerdo. Mas
Teu amor inventou. Financiaste uma lancha
Movida a água: foi reta para o fundo. Partiste um dia
Para um brasil além, garimpeiro, sem medo e sem mácula.

Doze luas voltaste. Tua primogênita — diz-se —
Não te reconheceu. Trazias grandes barbas e pequenas
[águas-marinhas.
Não eram, meu pai. A mim me deste
Águas-marinhas grandes, povoadas de estrelas, ouriços
E guaiamus gigantes. A mim me deste águas-marinhas
Onde cada concha carregava uma pérola. As águas-marinhas
[que me deste
Foram meu primeiro leito nupcial.

*

Eras, meu pai morto
Um grande Clodoaldo
Capaz de sonhar
Melhor e mais alto
Precursor do binômio
Que reverteria
Ao nome original
Semente do sêmen
Revolucionário
Gentil-homem insigne
Poeta e funcionário
Sempre preterido
Nunca titular
Neto de Alexandre
Filho de Maria
Cônjuge de Lydia
Pai da Poesia.

*

Diante de ti homem não sou, não quero ser. És pai do menino
[que eu fui.
Entre minha barba viva e a tua morta, todavia crescendo
Há um toque irrealizado. No entanto, meu pai
Quantas vezes ao ver-te dormir na cadeira de balanço de
[muitas salas
De muitas casas de muitas ruas
Não te beijei em meu pensamento! Já então teu sono
Prenunciava o morto que és, e minha angústia
Buscava ressuscitar-te. Ressuscitavas. Teu olhar
Vinha de longe, das cavernas imensas do teu amor, aflito
Como a querer defender. Vias-me e sossegavas.
Pouco nos dizíamos: "Como vai?". Como vais, meu pobre pai
No teu túmulo? Dormes, ou te deixas
A contemplar acima — eu bem me lembro! — perdido
Na decifração de como ser?
Ah, dor! Como quisera
Ser de novo criança em teus braços e ficar admirando tuas
[mãos!
Como quisera escutar-te de novo cantar criando em mim
A atonia do passado! Quantas baladas, meu pai
E que lindas! Quem te ensinou as doces cantigas
Com que embalavas meu dormir? Voga sempre o leve batel
A resvalar macio pelas correntezas do rio da paixão?
Prosseguem as donzelas em êxtase na noite à espera da
[barquinha
Que busca o seu adeus? E continua a rosa a dizer à brisa
Que já não mais precisa os beijos seus?
Calaste-te, meu pai. No teu ergástulo
A voz não é — a voz com que me apresentavas aos teus amigos:

"Esse é meu filho FULANO DE TAL". E na maneira
De dizê-lo — o vôo, o beijo, a bênção, a barba
Dura rocejando a pele, ai!

*

Tua morte, como todas, foi simples.
É coisa simples a morte. Dói, depois sossega. Quando sossegou —
Lembro-me que a manhã raiava em minha casa — já te havia eu
Recuperado totalmente: tal como te encontras agora, vestido
[de mim.
Não és, como não serás nunca para mim
Um cadáver sob um lençol.
És para mim aquele de quem muitos diziam: "É um poeta...".
Poeta foste, e és, meu pai. A mim me deste
O primeiro verso à namorada. Furtei-o
De entre teus papéis: quem sabe onde andará... Fui também
Verso teu: lembro ainda hoje o soneto que escreveste
[celebrando-me
No ventre materno. E depois, muitas vezes
Vi-te na rua, sem que me notasses, transeunte
Com um ar sempre mais ansioso do que a vida. Levava-te a
[ambição
De descobrir algo precioso que nos dar.
Por tudo o que não nos deste
Obrigado, meu pai.
Não te direi adeus, de vez que acordaste em mim
Com uma exatidão nunca sonhada. Em mim geraste
O Tempo: aí tens meu filho, e a certeza
De que, ainda obscura, a minha morte dá-lhe vida

Em prosseguimento à tua; aí tens meu filho
E a certeza de que lutarei por ele. Quando o viste a última vez
Era um menininho de três anos. Hoje cresceu
Em membros, palavras e dentes. Diz de ti, bilíngüe:
"Vovô *was always teasing me...*"
É meu filho, teu neto. Deste-lhe, em tua digna humildade
Um caminho: o meu caminho. Marcha ela na vanguarda
[do futuro
Para um mundo em paz: o teu mundo — o único em que
soubeste viver; aquele que, entre lágrimas, cantos e
[martírios, realizaste à tua volta.

RETRATO, À SUA MANEIRA
(JOÃO CABRAL DE MELO NETO)

Magro entre pedras
Calcárias possível
Pergaminho para
A anotação gráfica

O grafito Grave
Nariz poema o
Fêmur fraterno
Radiografável a

Olho nu Árido
Como o deserto
E além Tu
Irmão totem aedo

Exato e provável
No friso do tempo
Adiante Ave
Camarada diamante!

SONETO DO CORIFEU

São demais os perigos desta vida
Para quem tem paixão, principalmente
Quando uma lua surge de repente
E se deixa no céu, como esquecida.

E se ao luar que atua desvairado
Vem se unir uma música qualquer
Aí então é preciso ter cuidado
Porque deve andar perto uma mulher.

Deve andar perto uma mulher que é feita
De música, luar e sentimento
E que a vida não quer, de tão perfeita.

Uma mulher que é como a própria Lua:
Tão linda que só espalha sofrimento
Tão cheia de pudor que vive nua.

Rio, 1956

SONETO A LASAR SEGALL

De inescrutavelmente no que pintas
Como num amplo espaço de agonias
Imarcescível música de tintas
A arder na lucidez das coisas frias:

Tão patéticas sois, tão sonolentas
Cores que o meu olhar mortificais
Entre verdes crestados e cinzentas
Ferrugens no prelúdio dos metais.

Que segredo recobre a velha pátina
Por onde a luz se filtra quase tímida
Do espaço silencioso que esculpiste

Para pintar sem gritos de escarlate
Na profunda revolta contra o crime
Daqueles que fizeram a vida triste?...

Rio, 1942

SONETO DE UM DOMINGO

Em casa há muita paz por um domingo assim.
A mulher dorme, os filhos brincam, a chuva cai...
Esqueço de quem sou para sentir-me pai
E ouço na sala, num silêncio ermo e sem fim,

Um relógio bater, e outro dentro de mim...
Olho o jardim úmido e agreste: isso distrai
Vê-lo, feroz, florir mesmo onde o sol não vai
A despeito do vento e da terra que é ruim.

Na verdade é o infinito essa casa pequena
Que me amortalha o sonho e abriga a desventura
E a mão de uma mulher fez simples, pura e amena.

Deus que és pai como eu e a estimas, porventura:
Quando for minha vez, dá-me que eu vá sem pena
Levando apenas esse pouco que não dura.

Rio, setembro de 1944

TRÍPTICO NA MORTE DE SERGEI MIKHAILOVITCH EISENSTEIN

I

Camarada Eisenstein, muito obrigado
Pelos dilemas, e pela montagem
De *Canal de Ferghana*, irrealizado
E outras afirmações. Tu foste a imagem

Em movimento. Agora, unificado
À tua própria imagem, muito mais
De ti, sobre o futuro projetado
Nos hás de restituir. Boa viagem

Camarada, através dos grandes gelos
Imensuráveis. Nunca vi mais belos
Céus que esses sob que caminhas, só

E infatigável, a despertar o assombro
Dos horizontes com tua câmara ao ombro...
Spasibo, tovarishch. Khorosho.

II

Pelas auroras imobilizadas
No instante anterior; pelos gerais
Milagres da matéria; pela paz
Da matéria; pelas transfiguradas

Faces da História; pelo conteúdo
Da História e em nome de seus grandes idos
Pela correspondência dos sentidos
Pela vida a pulsar dentro de tudo

Pelas nuvens errantes; pelos montes
Pelos inatingíveis horizontes
Pelos sons; pelas cores; pela voz

Humana; pelo Velho e pelo Novo
Pelo misterioso amor do povo
Spasibo, tovarishch. Khorosho.

III

O cinema é infinito — não se mede.
Não tem passado nem futuro. Cada
Imagem só existe interligada
À que a antecedeu e à que a sucede.

O cinema é a presciente antevisão
Na sucessão de imagens. O cinema
É o que não se vê, é o que não é
Mas resulta: a indizível dimensão.

Cinema é Odessa, imóvel na manhã
À espera do massacre; é *Nevski*; é *Ivan*
O Terrível; és tu, mestre! maior

Entre os maiores, grande destinado...
Muito bem, Eisenstein. Muito obrigado.
Spasibo, tovarishch. Khorosho.

Los Angeles, 12/2/1948

MÁSCARA MORTUÁRIA DE GRACILIANO RAMOS

Feito só, sua máscara paterna,
Sua máscara tosca, de acre-doce
Feição, sua máscara austerizou-se
Numa preclara decisão eterna.

Feito só, feito pó, desencantou-se
Nele o íntimo arcanjo, a chama interna
Da paixão em que sempre se queimou
Seu duro corpo que ora longe inverna.

Feito pó, feito pólen, feito fibra
Feito pedra, feito o que é morto e vibra
Sua máscara enxuta de homem forte.

Isto revela em seu silêncio à escuta:
Numa severa afirmação da luta,
Uma impassível negação da morte.

Rio, março de 1953

SONETO DA MAIORIDADE

O Sol, que pelas ruas da cidade
Revela as marcas do viver humano
Sobre teu belo rosto soberano
Espalha apenas pura claridade.

Nasceste para o Sol; és mocidade
Em plena floração, fruto sem dano
Rosa que enfloresceu, ano por ano
Para uma esplêndida maioridade.

Ao Sol, que é pai do tempo, e nunca mente
Hoje se eleva a minha prece ardente:
Não permita ele nunca que se afoite

A vida em ti, que é sumo de alegria
De maneira que tarde muito a noite
Sobre a manhã radiosa do teu dia.

Rio, 1954

POÉTICA (II)

Com as lágrimas do tempo
E a cal do meu dia
Eu fiz o cimento
Da minha poesia.

E na perspectiva
Da vida futura
Ergui em carne viva
Sua arquitetura.

Não sei bem se é casa
Se é torre ou se é templo:
(Um templo sem Deus.)

Mas é grande e clara
Pertence ao seu tempo
— Entrai, irmãos meus!

Rio, 1960

SONETO DO GATO MORTO

Um gato vivo é qualquer coisa linda
Nada existe com mais serenidade
Mesmo parado ele caminha ainda
As selvas sinuosas da saudade

De ter sido feroz. À sua vinda
Altas correntes de eletricidade
Rompem do ar as lâminas em cinza
Numa silenciosa tempestade.

Por isso ele está sempre a rir de cada
Um de nós, e ao morrer perde o veludo
Fica torpe, ao avesso, opaco, torto

Acaba, é o antigato; porque nada
Nada parece mais com o fim de tudo
Que um gato morto.

Florença, novembro de 1963

ANFIGURI

Aquilo que eu ouso
Não é o que quero
Eu quero o repouso
Do que não espero.

Não quero o que tenho
Pelo que custou
Não sei de onde venho
Sei para onde vou.

Homem, sou a fera
Poeta, sou um louco
Amante, sou pai.

Vida, quem me dera...
Amor, dura pouco...
Poesia, ai!...

Rio, 1965

SONETO DE MAIO

Suavemente Maio se insinua
Por entre os véus de Abril, o mês cruel
E lava o ar de anil, alegra a rua
Alumbra os astros e aproxima o céu.

Até a lua, a casta e branca lua
Esquecido o pudor, baixa o dossel
E em seu leito de plumas fica nua
A destilar seu luminoso mel.

Raia a aurora tão tímida e tão frágil
Que através do seu corpo transparente
Dir-se-ia poder-se ver o rosto

Carregado de inveja e de presságio
Dos irmãos Junho e Julho, friamente
Preparando as catástrofes de Agosto...

Ouro Preto, maio de 1967

A HORA ÍNTIMA

Quem pagará o enterro e as flores
Se eu me morrer de amores?
Quem, dentre amigos, tão amigo
Para estar no caixão comigo?
Quem, em meio ao funeral
Dirá de mim: — Nunca fez mal...
Quem, bêbedo, chorará em voz alta
De não me ter trazido nada?
Quem virá despetalar pétalas
No meu túmulo de poeta?
Quem jogará timidamente
Na terra um grão de semente?
Quem elevará o olhar covarde
Até a estrela da tarde?
Quem me dirá palavras mágicas
Capazes de empalidecer o mármore?
Quem, oculta em véus escuros
Se crucificará nos muros?
Quem, macerada de desgosto
Sorrirá: — Rei morto, rei posto...
Quantas, debruçadas sobre o báratro
Sentirão as dores do parto?
Qual a que, branca de receio
Tocará o botão do seio?
Quem, louca, se jogará de bruços
A soluçar tantos soluços
Que há de despertar receios?
Quantos, os maxilares contraídos
O sangue a pulsar nas cicatrizes
Dirão: — Foi um doido amigo...

Quem, criança, olhando a terra
Ao ver movimentar-se um verme
Observará um ar de critério?
Quem, em circunstância oficial
Há de propor meu pedestal?
Quais os que, vindos da montanha
Terão circunspecção tamanha
Que eu hei de rir branco de cal?
Qual a que, o rosto sulcado de vento
Lançará um punhado de sal
Na minha cova de cimento?
Quem cantará canções de amigo
No dia do meu funeral?
Qual a que não estará presente
Por motivo circunstancial?
Quem cravará no seio duro
Uma lâmina enferrujada?
Quem, em seu verbo inconsútil
Há de orar: — Deus o tenha em sua guarda.
Qual o amigo que a sós consigo
Pensará: — Não há de ser nada...
Quem será a estranha figura
A um tronco de árvore encostada
Com um olhar frio e um ar de dúvida?
Quem se abraçará comigo
Que terá de ser arrancada?

Quem vai pagar o enterro e as flores
Se eu me morrer de amores?

Rio, 1950

MENINO MORTO PELAS LADEIRAS DE OURO PRETO

Hoje a pátina do tempo cobre também o céu de outono
Para o teu enterro de anjinho, menino morto
Menino morto pelas ladeiras de Ouro Preto.
Berçam-te o sono essas velhas pedras por onde se esforça
Teu caixãozinho trêmulo, aberto em branco e rosa.
Nem rosas para o teu sono, menino morto
Menino morto pelas ladeiras de Ouro Preto.
Nem rosas para colorir teu rosto de cera
Tuas mãozinhas em prece, teu cabelo louro cortado rente...
Abre bem teus olhos opacos, menino morto
Menino morto pelas ladeiras de Ouro Preto.
Acima de ti o céu é antigo, não te compreende.
Mas logo terás, no Cemitério das Mercês-de-Cima
Caramujos e gongolos da terra para brincar como gostavas
Nos baldios do velho córrego, menino morto
Menino morto pelas ladeiras de Ouro Preto.
Ah, pequenino cadáver a mirar o tempo
Que doçura a tua; como saíste do meu peito
Para esta negra tarde a chover cinzas...
Que miséria a tua, menino morto
Que pobrinhos os garotos que te acompanham
Empunhando flores do mato pelas ladeiras de Ouro Preto...
Que vazio restou o mundo com a tua ausência...
Que silentes as casas... que desesperado o crepúsculo
A desfolhar as primeiras pétalas de treva...

1952

POEMA DOS OLHOS DA AMADA

Ó minha amada
Que olhos os teus
São cais noturnos
Cheios de adeus
São docas mansas
Trilhando luzes
Que brilham longe
Longe nos breus...

Ó minha amada
Que olhos os teus
Quanto mistério
Nos olhos teus
Quantos saveiros
Quantos navios
Quantos naufrágios
Nos olhos teus...

Ó minha amada
Que olhos os teus
Se Deus houvera
Fizera-os Deus
Pois não os fizera
Quem não soubera
Que há muitas eras
Nos olhos teus.

Ah, minha amada
De olhos ateus
Cria a esperança
Nos olhos meus
De verem um dia
O olhar mendigo
Da poesia
Nos olhos teus.

Rio, 1950

O POETA HART CRANE SUICIDA-SE NO MAR

Quando mergulhaste na água
Não sentiste como é fria
Como é fria assim na noite
Como é fria, como é fria?
E ao teu medo que por certo
Te acordou da nostalgia
(Essa incrível nostalgia
Dos que vivem no deserto...)
Que te disse a Poesia?

Que te disse a Poesia
Quando Vênus que luzia
No céu tão perto (tão longe
Da tua melancolia...)
Brilhou na tua agonia
De moribundo desperto?

Que te disse a Poesia
Sobre o líquido deserto
Ante o mar boquiaberto
Incerto se te engolia
Ou ao navio a rumo certo
Que na noite se escondia?

Temeste a morte, poeta?
Temeste a escarpa sombria
Que sob a tua agonia
Descia sem rumo certo?
Como sentiste o deserto
O deserto absoluto
O oceano absoluto
Imenso, sozinho, aberto?

Que te falou o Universo
O infinito a descoberto?
Que te disse o amor incerto
Das ondas na ventania?
Que frouxos de zombaria
Não ouviste, ainda desperto
Às estrelas que por certo
Cochichavam luz macia?

Sentiste angústia, poeta
Ou um espasmo de alegria
Ao sentires que bulia
Um peixe nadando perto?
A tua carne não fremia
À idéia da dança inerte
Que teu corpo dançaria
No pélago submerso?

Dançaste muito, poeta
Entre os véus da água sombria
Coberto pela redoma
Da grande noite vazia?
Que coisas viste, poeta?
De que segredos soubeste
Suspenso na crista agreste
Do imenso abismo sem meta?

Dançaste muito, poeta?
Que te disse a Poesia?

Rio, 1953

A BRUSCA POESIA DA MULHER AMADA (II)

A mulher amada carrega o cetro, o seu fastígio
É máximo. A mulher amada é aquela que aponta para a noite
E de cujo seio surge a aurora. A mulher amada
É quem traça a curva do horizonte e dá linha ao movimento
[dos astros.
Não há solidão sem que sobrevenha a mulher amada
Em seu acúmen. A mulher amada é o padrão índigo da cúpula
E o elemento verde antagônico. A mulher amada
É o tempo passado no tempo presente no tempo futuro
No sem tempo. A mulher amada é o navio submerso
É o tempo submerso, é a montanha imersa em líquen.
É o mar, é o mar, é o mar a mulher amada
E sua ausência. Longe, no fundo plácido da noite
Outra coisa não é senão o seio da mulher amada
Que ilumina a cegueira dos homens. Alta, tranqüila e trágica
É essa que eu chamo pelo nome de mulher amada.
Nascitura. Nascitura da mulher amada
É a mulher amada. A mulher amada é a mulher amada é a
[mulher amada
É a mulher amada. Quem é que semeia o vento? — a mulher
[amada!
Quem colhe a tempestade? — a mulher amada!
Quem determina os meridianos? — a mulher
Amada! Quem a misteriosa portadora de si mesma?
A mulher amada. Talvegue, estrela, petardo
Nada a não ser a mulher amada necessariamente amada
Quando! E de outro não seja, pois é ela
A coluna e o gral, a fé e o símbolo, implícita
Na criação. Por isso, seja ela! A ela o canto e a oferenda
O gozo e o privilégio, a taça erguida e o sangue do poeta

Correndo pelas ruas e iluminando as perplexidades.
Eia, a mulher amada! Seja ela o princípio e o fim de todas
[as coisas.
Poder geral, completo, absoluto à mulher amada!

Rio, 1950

A QUE VEM DE LONGE

A minha amada veio de leve
A minha amada veio de longe
A minha amada veio em silêncio
Ninguém se iluda.

A minha amada veio da treva
Surgiu da noite qual dura estrela
Sempre que penso no seu martírio
Morro de espanto.

A minha amada veio impassível
Os pés luzindo de luz macia
Os alvos braços em cruz abertos
Alta e solene.

Ao ver-me posto, triste e vazio
Num passo rápido a mim chegou-se
E com singelo, doce ademane
Roçou-me os lábios.

Deixei-me preso ao seu rosto grave
Preso ao seu riso no entanto ausente
Inconsciente de que chorava
Sem dar-me conta.

Depois senti-lhe o tímido tato
Dos lentos dedos tocar-me o peito
E as unhas longas se me cravarem
Profundamente.

Aprisionado num só meneio
Ela cobriu-me de seus cabelos
E os duros lábios no meu pescoço
Pôs-se a sugar-me.

Muitas auroras transpareceram
Do meu crescente ficar exangue
Enquanto a amada suga-me o sangue
Que é a luz da vida.

1951

RECEITA DE MULHER

As muito feias que me perdoem
Mas beleza é fundamental. É preciso
Que haja qualquer coisa de flor em tudo isso
Qualquer coisa de dança, qualquer coisa de *haute couture*
Em tudo isso (ou então
Que a mulher se socialize elegantemente em azul, como na
[República Popular Chinesa).
Não há meio-termo possível. É preciso
Que tudo isso seja belo. É preciso que súbito
Tenha-se a impressão de ver uma garça apenas pousada e que
[um rosto
Adquira de vez em quando essa cor só encontrável no terceiro
[minuto da aurora.
É preciso que tudo isso seja sem ser, mas que se reflita e
[desabroche
No olhar dos homens. É preciso, é absolutamente preciso
Que seja tudo belo e inesperado. É preciso que umas pálpebras
[cerradas
Lembrem um verso de Éluard e que se acaricie nuns braços
Alguma coisa além da carne: que se os toque
Como o âmbar de uma tarde. Ah, deixai-me dizer-vos
Que é preciso que a mulher que ali está como a corola ante
[o pássaro
Seja bela ou tenha pelo menos um rosto que lembre um
[templo e
Seja leve como um resto de nuvem: mas que seja uma nuvem
Com olhos e nádegas. Nádegas é importantíssimo. Olhos, então
Nem se fala, que olhem com certa maldade inocente. Uma boca
Fresca (nunca úmida!) é também de extrema pertinência.
É preciso que as extremidades sejam magras; que uns ossos

Despontem, sobretudo a rótula no cruzar das pernas, e as
[pontas pélvicas
No enlaçar de uma cintura semovente.
Gravíssimo é porém o problema das saboneteiras: uma
[mulher sem saboneteiras
É como um rio sem pontes. Indispensável
Que haja uma hipótese de barriguinha, e em seguida
A mulher se alteie em cálice, e que seus seios
Sejam uma expressão greco-romana, mais que gótica ou
[barroca
E possam iluminar o escuro com uma capacidade mínima
[de cinco velas.
Sobremodo pertinente é estarem a caveira e a coluna vertebral
Levemente à mostra; e que exista um grande latifúndio dorsal!
Os membros que terminem como hastes, mas bem haja um
[certo volume de coxas
E que elas sejam lisas, lisas como a pétala e cobertas de
[suavíssima penugem
No entanto sensível à carícia em sentido contrário.
É aconselhável na axila uma doce relva com aroma próprio
Apenas sensível (um mínimo de produtos farmacêuticos!)
Preferíveis sem dúvida os pescoços longos
De forma que a cabeça dê por vezes a impressão
De nada ter a ver com o corpo, e a mulher não lembre
Flores sem mistério. Pés e mãos devem conter elementos
[góticos
Discretos. A pele deve ser fresca nas mãos, nos braços, no
[dorso e na face
Mas que as concavidades e reentrâncias tenham uma
[temperatura nunca inferior

A 37° centígrados, podendo eventualmente provocar
[queimaduras
Do primeiro grau. Os olhos, que sejam de preferência
[grandes
E de rotação pelo menos tão lenta quanto a da Terra; e
Que se coloquem sempre para lá de um invisível muro de paixão
Que é preciso ultrapassar. Que a mulher seja em princípio alta
Ou, caso baixa, que tenha a atitude mental dos altos píncaros.
Ah, que a mulher dê sempre a impressão de que se se fechar
[os olhos
Ao abri-los ela não mais estará presente
Com seu sorriso e suas tramas. Que ela surja, não venha;
[parta, não vá
E que possua uma certa capacidade de emudecer subitamente
[e nos fazer beber
O fel da dúvida. Oh, sobretudo
Que ela não perca nunca, não importa em que mundo
Não importa em que circunstâncias, a sua infinita volubilidade
De pássaro; e que acariciada no fundo de si mesma
Transforme-se em fera sem perder sua graça de ave; e que
[exale sempre
O impossível perfume; e destile sempre
O embriagante mel; e cante sempre o inaudível canto
Da sua combustão; e não deixe de ser nunca a eterna dançarina
Do efêmero; e em sua incalculável imperfeição
Constitua a coisa mais bela e mais perfeita de toda a criação
[inumerável.

SONETO DO AMOR TOTAL

Amo-te tanto, meu amor... não cante
O humano coração com mais verdade...
Amo-te como amigo e como amante
Numa sempre diversa realidade

Amo-te afim, de um calmo amor prestante,
E te amo além, presente na saudade.
Amo-te, enfim, com grande liberdade
Dentro da eternidade e a cada instante.

Amo-te como um bicho, simplesmente
De um amor sem mistério e sem virtude
Com um desejo maciço e permanente.

E de te amar assim muito e amiúde,
É que um dia em teu corpo de repente
Hei de morrer de amar mais do que pude.

Rio, 1951

BALADA DAS DUAS MOCINHAS DE BOTAFOGO

Eram duas menininhas
Filhas de boa família:
Uma chamada Marina
A outra chamada Marília.
Os dezoito da primeira
Eram brejeiros e finos
Os vinte da irmã cabiam
Numa mulher pequenina.
Sem terem nada de feias
Não chegavam a ser bonitas
Mas eram meninas-moças
De pele fresca e macia.
O nome ilustre que tinham
De um pai desaparecido
Nelas deixara a evidência
De tempos mais bem vividos.
A mãe pertencia à classe
Das largadas de marido
Seus oito lustros de vida
Davam a impressão de mais cinco.
Sofria muito de asma
E da desgraça das filhas
Que, posto boas meninas
Eram tão desprotegidas
E por total abandono
Davam mais do que galinhas.

Casa de porta e janela
Era a sua moradia
E dentro da casa aquela
Mãe pobre e melancolia.
Quando à noite as menininhas
Se aprontavam pra sair
A loba materna uivava
Suas torpes profecias.
De fato deve ser triste
Ter duas filhas assim
Que nada tendo a ofertar
Em troca de uma saída
Dão tudo o que têm aos homens:
A mão, o sexo, o ouvido
E até mesmo, quando instadas
Outras flores do organismo.

Foi assim que se espalhou
A fama das menininhas
Através do que esse disse
E do que aquele diria.
Quando a um grupo de rapazes
A noite não era madrinha
E a caça de mulher grátis
Resultava-lhes maninha
Um deles qualquer lembrava
De Marília e de Marina
E um telefone soava
De um constante toque cínico
No útero de uma mãe

E suas duas filhinhas.
Oh, vida torva e mesquinha
A de Marília e Marina
Vida de porta e janela
Sem amor e sem comida
Vida de arroz requentado
E média com pão dormido
Vida de sola furada
E cotovelo puído
Com seios moços no corpo
E na mente sonhos idos!

Marília perdera o seu
Nos dedos de um caixeirinho
Que o que dava em coca-cola
Cobrava em rude carinho.
Com quatorze apenas feitos
Marina não era mais virgem
Abrira os prados do ventre
A um treinador pervertido.
Embora as lutas do sexo
Não deixem marcas visíveis
Tirante as flores lilases
Do sadismo e da sevícia
Às vezes deixam no amplexo
Uma grande náusea íntima
E transformam o que é de gosto
Num desgosto incoercível.

E era esse bem o caso
De Marina e de Marília
Quando sozinhas em casa
Não tinham com quem sair.
Ficavam olhando paradas
As paredes carcomidas
Mascando bolas de chicles
Bebendo água de moringa.
Que abismos de desconsolo
Ante seus olhos se abriam
Ao ouvirem a asma materna
Silvar no quarto vizinho!
Os monstros da solidão
Uivavam no seu vazio
E elas então se abraçavam
Se beijavam e se mordiam
Imitando coisas vistas
Coisas vistas e vividas
Enchendo as frondes da noite
De pipilares tardios.

Ah, se o sêmen de um minuto
Fecundasse as menininhas
E nelas crescessem ventres
Mais do que a tristeza íntima!
Talvez de novo o mistério
Morasse em seus olhos findos
E nos seus lábios inconhos
Enflorescessem sorrisos.
Talvez a face dos homens

Se fizesse, de maligna
Na doce máscara pensa
Do seu sonho de meninas!

Mas tal não fosse o destino
De Marília e de Marina.
Um dia, que a noite trouxe
Coberto de cinzas frias
Como sempre acontecia
Quando achavam-se sozinhas
No velho sofá da sala
Brincaram-se as menininhas.
Depois se olharam nos olhos
Nos seus pobres olhos findos
Marina apagou a luz
Deram-se as mãos, foram indo
Pela rua transversal
Cheia de negros baldios.
Às vezes pela calçada
Brincavam de amarelinha
Como faziam no tempo
Da casa dos tempos idos.
Diante do cemitério
Já nada mais se diziam.
Vinha um bonde a nove-pontos...
Marina puxou Marília
E diante do semovente
Crescendo em luzes aflitas
Num desesperado abraço
Postaram-se as menininhas.

Foi só um grito e o ruído
Da freada sobre os trilhos
E por toda parte o sangue
De Marília e de Marina.

PÔR-DO-SOL EM ITATIAIA

Nascentes efêmeras
Em clareiras súbitas
Entre as luzes tardas
Do imenso crepúsculo.

Negros megalitos
Em doce decúbito
Sob o peso frágil
Da pálida abóbada

Calmo, subjacente
O vale infinito
A estender-se múltiplo

Inventando espaços
Dilatando a angústia
Criando o silêncio...

Campo Belo, 1940

POEMA DE AUTEIL

A coisa não é bem essa.
Não há nenhuma razão no mundo (ou talvez só tu, Tristeza!)
Para eu estar andando nesse meio-dia por essa rua estrangeira
[com o nome de um pintor estrangeiro.
Eu devia estar andando numa rua chamada travessa
[Di Cavalcanti
No Alto da Tijuca, ou melhor na Gávea, ou melhor ainda,
[no lado de dentro de Ipanema:
E não vai nisso nenhum verde-amarelismo. De verde quereria
[apenas um colo de morro e de amarelo um pé de acácias
[repontando de um quintal entre telhados.
Deveria vir de algum lugar
Um dedilhar de menina estudando piano ou o assovio de um
[ciclista
Trauteando um samba de Antônio Maria. Deveria haver
Um silêncio pungente cortado apenas
Por um canto de cigarra bruscamente interrompido
E o ruído de um ônibus varando como um desvairado uma
[preferencial vizinha.
Deveria súbito
Fazer-se ouvir num apartamento térreo próximo
Uma fresca descarga de latrina abrindo um frio vórtice na
[espessura irremediável do mormaço
Enquanto ao longe
O vulto de uma banhista (que tristeza sem fim voltar da
[praia!)
Atravessaria lentamente a rua arrastando um guarda-sol
[vermelho.
Ah, que vontade de chorar me subiria!
Que vontade de morrer, de me diluir em lágrimas

Entre uns seios suados de mulher! Que vontade
De ser menino, em vão, me subiria
Numa praia luminosa e sem fim, a buscar o não-sei-quê
Da infância, que faz correr correr correr...
Deveria haver também um rato morto na sarjeta, um odor
[de bogaris
E um cheiro de peixe fritando. Deveria
Haver muito calor, que uma sub-reptícia
Brisa viria suavizar fazendo festa na axila.
Deveria haver em mim um vago desejo de mulher e ao mesmo
[tempo
De espaciar-me. Relógios deveriam bater
Alternadamente como bons relógios nunca certos.
Eu poderia estar voltando de, ou indo para: não teria a menor
[importância.
O importante seria saber que eu estava presente
A um momento sem história, defendido embora
Por muros, casas e ruas (e sons, especialmente
Esses que fizeram dizer a um locutor novato, numa homenagem
[póstuma: "Acabaram de ouvir um minuto de silêncio...")
Capazes de testemunhar por mim em minha imensa
E inútil poesia.
Eu deveria estar sem saber bem para onde ir: se para a casa
[materna
E seus encantados recantos, ou se para o apartamento do
[meu velho Braga
De onde me poria a telefonar, à Amiga e às amigas
A convocá-las para virem beber conosco, virem todas
Beber e conversar conosco e passear diante de nossos olhos
[gastos
A graça e nostalgia com que povoam a nossa infinita solidão.

GENEBRA EM DEZEMBRO

Campos de neve e píncaros distantes
        Sinos que morrem
Asas brancas em frios céus distantes
        Águas que correm.

Canais como caminhos prisioneiros
        Em busca de saída
Para os mares, os grandes, traiçoeiros
        Mares da vida.

Cisnes em bando interrogando as águas
        Do Ródano, cativas
Ruas sem perspectivas e sem mágoas
        Fachadas pensativas.

Chuva fina tangendo namorados
        Sem amanhã
Transitando transidos e apressados
        Pont du Mont Blanc.

Relógios pontuais batendo horas
        Aqui, ali, adiante
Vida sem tempo pela vida afora
        Tédio constante.

Tédio bom, tédio conselheiro, tédio
Da vida que não é
E para a qual há sempre bom remédio
Do bar do “Rabelais”.

Genebra, 1954

O OPERÁRIO EM CONSTRUÇÃO

E o Diabo, levando-o a um alto monte, mostrou-lhe num momento de tempo todos os reinos do mundo. E disse-lhe o Diabo:
– Dar-te-ei todo este poder e a sua glória, porque a mim me foi entregue e dou-o a quem quero; portanto, se tu me adorares, tudo será teu.
E Jesus, respondendo, disse-lhe:
– Vai-te, Satanás; porque está escrito: adorarás o Senhor teu Deus e só a Ele servirás.
Lucas, cap. v, vs. 5-8

Era ele que erguia casas
Onde antes só havia chão.
Como um pássaro sem asas
Ele subia com as casas
Que lhe brotavam da mão.
Mas tudo desconhecia
De sua grande missão:
Não sabia, por exemplo
Que a casa de um homem é um templo
Um templo sem religião
Como tampouco sabia
Que a casa que ele fazia
Sendo a sua liberdade
Era a sua escravidão.

De fato, como podia
Um operário em construção
Compreender por que um tijolo
Valia mais do que um pão?
Tijolos ele empilhava

Com pá, cimento e esquadria
Quanto ao pão, ele o comia...
Mas fosse comer tijolo!
E assim o operário ia
Com suor e com cimento
Erguendo uma casa aqui
Adiante um apartamento
Além uma igreja, à frente
Um quartel e uma prisão:
Prisão de que sofreria
Não fosse, eventualmente
Um operário em construção.

Mas ele desconhecia
Esse fato extraordinário:
Que o operário faz a coisa
E a coisa faz o operário.
De forma que, certo dia
À mesa, ao cortar o pão
O operário foi tomado
De uma súbita emoção
Ao constatar assombrado
Que tudo naquela mesa
— Garrafa, prato, facão —
Era ele quem os fazia
Ele, um humilde operário,
Um operário em construção.
Olhou em torno: gamela
Banco, enxerga, caldeirão
Vidro, parede, janela

Casa, cidade, nação!
Tudo, tudo o que existia
Era ele quem o fazia
Ele, um humilde operário
Um operário que sabia
Exercer a profissão.

Ah, homens de pensamento
Não sabereis nunca o quanto
Aquele humilde operário
Soube naquele momento!
Naquela casa vazia
Que ele mesmo levantara
Um mundo novo nascia
De que sequer suspeitava.
O operário emocionado
Olhou sua própria mão
Sua rude mão de operário
De operário em construção
E olhando bem para ela
Teve um segundo a impressão
De que não havia no mundo
Coisa que fosse mais bela.

Foi dentro da compreensão
Desse instante solitário
Que, tal sua construção
Cresceu também o operário.
Cresceu em alto e profundo
Em largo e no coração

E como tudo que cresce
Ele não cresceu em vão
Pois além do que sabia
— Exercer a profissão —
O operário adquiriu
Uma nova dimensão:
A dimensão da poesia.

E um fato novo se viu
Que a todos admirava:
O que o operário dizia
Outro operário escutava.

E foi assim que o operário
Do edifício em construção
Que sempre dizia *sim*
Começou a dizer *não*.
E aprendeu a notar coisas
A que não dava atenção:

Notou que sua marmita
Era o prato do patrão
Que sua cerveja preta
Era o uísque do patrão
Que seu macacão de zuarte
Era o terno do patrão
Que o casebre onde morava
Era a mansão do patrão
Que seus dois pés andarilhos
Eram as rodas do patrão

Que a dureza do seu dia
Era a noite do patrão
Que sua imensa fadiga
Era amiga do patrão.

E o operário disse: Não!
E o operário fez-se forte
Na sua resolução.

Como era de se esperar
As bocas da delação
Começaram a dizer coisas
Aos ouvidos do patrão.
Mas o patrão não queria
Nenhuma preocupação
— "Convençam-no" do contrário —
Disse ele sobre o operário
E ao dizer isso sorria.
Dia seguinte, o operário
Ao sair da construção
Viu-se súbito cercado
Dos homens da delação
E sofreu, por destinado
Sua primeira agressão.
Teve seu rosto cuspido
Teve seu braço quebrado
Mas quando foi perguntado
O operário disse: Não!

Em vão sofrera o operário
Sua primeira agressão
Muitas outras se seguiram
Muitas outras seguirão.
Porém, por imprescindível
Ao edifício em construção
Seu trabalho prosseguia
E todo o seu sofrimento
Misturava-se ao cimento
Da construção que crescia.

Sentindo que a violência
Não dobraria o operário
Um dia tentou o patrão
Dobrá-lo de modo vário.
De sorte que o foi levando
Ao alto da construção
E num momento de tempo
Mostrou-lhe toda a região
E apontando-a ao operário
Fez-lhe esta declaração:
— Dar-te-ei todo esse poder
E a sua satisfação
Porque a mim me foi entregue
E dou-o a quem bem quiser.
Dou-te tempo de lazer
Dou-te tempo de mulher.
Portanto, tudo o que vês
Será teu se me adorares
E, ainda mais, se abandonares
O que te faz dizer *não*.

Disse, e fitou o operário
Que olhava e que refletia
Mas o que via o operário
O patrão nunca veria.
O operário via as casas
E dentro das estruturas
Via coisas, objetos
Produtos, manufaturas.
Via tudo o que fazia
O lucro do seu patrão
E em cada coisa que via
Misteriosamente havia
A marca de sua mão.
E o operário disse: Não!

— Loucura! — gritou o patrão
Não vês o que te dou eu?
— Mentira! — disse o operário
Não podes dar-me o que é meu.

E um grande silêncio fez-se
Dentro do seu coração
Um silêncio de martírios
Um silêncio de prisão.
Um silêncio povoado
De pedidos de perdão
Um silêncio apavorado
Com o medo em solidão.
Um silêncio de torturas
E gritos de maldição
Um silêncio de fraturas

A se arrastarem no chão.
E o operário ouviu a voz
De todos os seus irmãos
Os seus irmãos que morreram
Por outros que viverão.
Uma esperança sincera
Cresceu no seu coração
E dentro da tarde mansa
Agigantou-se a razão
De um homem pobre e esquecido
Razão porém que fizera
Em operário construído
O operário em construção.

A ANUNCIAÇÃO

Virgem! filha minha
De onde vens assim
Tão suja de terra
Cheirando a jasmim
A saia com mancha
De flor carmesim
E os brincos da orelha
Fazendo tlintlin?
Minha mãe querida
Venho do jardim
Onde a olhar o céu
Fui, adormeci.
Quando despertei
Cheirava a jasmim
Que um anjo esfolhava
Por cima de mim...

Montevidéu, 1º de novembro de 1958

UMA MÚSICA QUE SEJA

... como os mais belos harmônicos da natureza. Uma música que seja como o som do vento na cordoalha dos navios, aumentando gradativamente de tom até atingir aquele em que se cria uma reta ascendente para o infinito. Uma música que comece sem começo e termine sem fim. Uma música que seja como o som do vento numa enorme harpa plantada no deserto. Uma música que seja como a nota lancinante deixada no ar por um pássaro que morre. Uma música que seja como o som dos altos ramos das grandes árvores vergastadas pelos temporais. Uma música que seja como o ponto de reunião de muitas vozes em busca de uma harmonia nova. Uma música que seja como o vôo de uma gaivota numa aurora de novos sons...

O POETA APRENDIZ

Ele era um menino
Valente e caprino
Um pequeno infante
Sadio e grimpante.
Anos tinha dez
E asinhas nos pés
Com chumbo e bodoque
Era plic e ploc.
O olhar verde-gaio
Parecia um raio
Para tangerina
Pião ou menina.
Seu corpo moreno
Vivia correndo
Pulava no escuro
Não importa que muro
E caía exato
Como cai um gato.
No diabolô
Que bom jogador
Bilboquê então
Era plim e plão.
Saltava de anjo
Melhor que marmanjo
E dava o mergulho
Sem fazer barulho.
No fundo do mar
Sabia encontrar
Estrelas, ouriços
E até deixa-dissos.

Às vezes nadava
Um mundo de água
E não era menino
Por nada mofino
Sendo que uma vez
Embolou com três.
Sua coleção
De achados do chão
Abundava em conchas
Botões, coisas tronchas
Seixos, caramujos
Marulhantes, cujos
Colocava ao ouvido
Com ar entendido
Rolhas, espoletas
E malacachetas
Cacos coloridos
E bolas de vidro
E dez pelo menos
Camisas-de-vênus.
Em gude de bilha
Era maravilha
E em bola de meia
Jogando de meia-
Direita ou de ponta
Passava da conta
De tanto driblar.
Amava era amar.
Amava sua ama
Nos jogos de cama

Amava as criadas
Varrendo as escadas
Amava as gurias
Da rua, vadias
Amava suas primas
Levadas e opimas
Amava suas tias
De peles macias
Amava as artistas
Das cinerrevistas
Amava a mulher
A mais não poder.
Por isso fazia
Seu grão de poesia
E achava bonita
A palavra escrita.
Por isso sofria.
Da melancolia
De sonhar o poeta
Que quem sabe um dia
Poderia ser.

Montevidéu, 2 de novembro de 1958

OLHE AQUI, MR. BUSTER

Este poema é dedicado a um americano simpático, extrovertido e podre de rico, em cuja casa estive poucos dias antes de minha volta ao Brasil, depois de cinco anos de Los Angeles, EUA. Mr. Buster não podia compreender como é que eu, tendo ainda o direito de permanecer mais um ano na Califórnia, preferia, com grande prejuízo financeiro, voltar para a "Latin America", como dizia ele. Eis aqui a explicação, que Mr. Buster certamente não receberá, a não ser que esteja morto e esse negócio de espiritismo funcione.

Olhe aqui, Mr. Buster: está muito certo
Que o Sr. tenha um apartamento em Park Avenue e uma casa
[em Beverly Hills.
Está muito certo que em seu apartamento de Park Avenue
O Sr. tenha um caco de friso do Partenon, e no quintal de sua
[casa em Hollywood
Um poço de petróleo trabalhando de dia para lhe dar dinheiro
[e de noite para lhe dar insônia
Está muito certo que em ambas as residências
O Sr. tenha geladeiras gigantescas capazes de conservar o seu
[preconceito racial
Por muitos anos a vir, e *vacuum-cleaners* com mais chupo
Que um beijo de Marilyn Monroe, e máquinas de lavar
Capazes de apagar a mancha de seu desgosto de ter posto
[tanto dinheiro em vão na guerra da Coréia.
Está certo que em sua mesa as torradas saltem nervosamente
[de torradeiras automáticas
E suas portas se abram com célula fotelétrica. Está muito certo

Que o Sr. tenha cinema em casa para os meninos verem filmes
[de mocinho
Isto sem falar nos quatro aparelhos de televisão e na fabulosa
[*hi-fi*
Com alto-falantes espalhados por todos os andares, inclusive
[nos banheiros.
Está muito certo que a Sra. Buster seja citada uma vez por
[mês por Elsa Maxwell
E tenha dois psiquiatras: um em Nova York, outro em Los
[Angeles, para as duas "estações" do ano.
Está tudo muito certo, Mr. Buster — o Sr. ainda acabará
[governador do seu estado
E sem dúvida presidente de muitas companhias de petróleo,
[aço e consciências enlatadas.
Mas me diga uma coisa, Mr. Buster
Me diga sinceramente uma coisa, Mr. Buster:
O Sr. sabe lá o que é um choro de Pixinguinha?
O Sr. sabe lá o que é ter uma jabuticabeira no quintal?
O Sr. sabe lá o que é torcer pelo Botafogo?

A ÚLTIMA VIAGEM DE JAYME OVALLE

Ovalle não queria a Morte
Mas era dele tão querida
Que o amor da Morte foi mais forte
Que o amor do Ovalle à vida.

E foi assim que a Morte, um dia
Levou-o em bela carruagem
A viajar — ah, que alegria!
Ovalle sempre adora viagem!

Foram por montes e por vales
E tanto a Morte se aprazia
Que fosse o mundo só de Ovalles
E nunca mais ninguém morria.

A cada vez que a Morte, a sério
Com cicerônica prestança
Mostrava a Ovalle um cemitério
Ele apontava uma criança.

A Morte, em Londres e Paris
Levou-o à forca e à guilhotina
Porém em Roma, Ovalle quis
Tomar a sua canjebrina.

Mostrou-lhe a Morte as catacumbas
E suas ósseas prateleiras
Mas riu-se muito, tais zabumbas
Fazia Ovalle nas caveiras.

Mais tarde, Ovalle satisfeito
Declara à Morte, ambos de porre:
— Quero enterrar-me, que é um direito
Inalienável de quem morre!

Custou-lhe esforço sobre-humano
Chegar à última morada
De vez que a Morte, a todo pano
Queria dar uma esticada.

Diz o guardião do campo-santo
Que, noite alta, ainda se ouvia
A voz da Morte, um tanto ou quanto
Que ria, ria, ria, ria...

CARTA AOS PUROS

Ó vós, homens sem sol, que vos dizeis os Puros
E em cujos olhos queima um lento fogo frio
Vós de nervos de *nylon* e de músculos duros
Capazes de não rir durante anos a fio.

Ó vós, homens sem sal, em cujos corpos tensos
Corre um sangue incolor, da cor alva dos lírios
Vós que almejais na carne o estigma dos martírios
E desejais ser fuzilados sem o lenço.

Ó vós, homens iluminados a néon
Seres extraordinariamente rarefeitos
Vós que vos bem amais e vos julgais perfeitos
E vos ciliciais à idéia do que é bom.

Ó vós, a quem os bons amam chamar de os Puros
E vos julgais os portadores da verdade
Quando nada mais sois, à luz da realidade,
Que os súcubos dos sentimentos mais escuros.

Ó vós que só viveis nos vórtices da morte
E vos enclausurais no instinto que vos ceva
Vós que vedes na luz o antônimo da treva
E acreditais que o amor é o túmulo do forte.

Ó vós que pedis pouco à vida que dá muito
E erigis a esperança em bandeira aguerrida
Sem saber que a esperança é um simples dom da vida
E tanto mais porque é um dom público e gratuito.

Ó vós que vos negais à escuridão dos bares
Onde o homem que ama oculta o seu segredo
Vós que viveis a mastigar os maxilares
E temeis a mulher e a noite, e dormis cedo.

Ó vós, os curiais; ó vós, os ressentidos
Que tudo equacionais em termos de conflito
E não sabeis pedir sem ter recurso ao grito
E não sabeis vencer se não houver vencidos.

Ó vós que vos comprais com a esmola feita aos pobres
Que vos dão Deus de graça em troca de alguns restos
E maiusculizais os sentimentos nobres
E gostais de dizer que sois homens honestos.

Ó vós, falsos Catões, chichisbéus de mulheres
Que só articulais para emitir conceitos
E pensais que o credor tem todos os direitos
E o pobre devedor tem todos os deveres.

Ó vós que desprezais a mulher e o poeta
Em nome de vossa vã sabedoria
Vós que tudo comeis mas viveis de dieta
E achais que o bem do alheio é a melhor iguaria.

Ó vós, homens da sigla; ó vós, homens da cifra
Falsos chimangos, calabares, sinecuros
Tende cuidado porque a Esfinge vos decifra...
E eis que é chegada a vez dos verdadeiros puros.

POEMA PARA CANDINHO PORTINARI EM SUA MORTE CHEIA DE AZUIS E ROSAS

Lá vai Candinho!
Pra onde ele vai?
Vai pra Brodóvski
Buscar seu pai.

Lá vai Candinho!
Pra onde ele foi?
Foi pra Brodóvski
Juntar seu boi.

Lá vai Candinho!
Com seu topete!
Vai pra Brodóvski
Pintar o sete.

Lá vai Candinho
Tirando rima
Vai manquitando
Ladeira acima.

Eh! Eh, Candinho!
Muita saudade
Para Zé Cláudio
Mário de Andrade.

Se vir Ovalle
Se vir Zé Lins
Fale, Candinho
Que eu sou feliz.

Ouviu, Candinho?

— Diabo de homem mais surdo...

O “MARGARIDA’S”

A d. Margarida,
pelos seus bons pratos, pelos seus bons tratos

A cavaleiro de um bonito vale
Em Petrópolis, ao fim de umas subidas
Há um hotel que dá margem a que se fale:
O “Margarida’s”.

A dona (Margarida) é criatura
Das melhores, no trato e nas comidas
E não bastasse, é boa a arquitetura
Do “Margarida’s”.

Para quem gosta, existe uma piscina
E mesmo um bar com todas as bebidas
Mas bom de fato é a água cristalina
Do “Margarida’s”.

A vista é linda: ao longe a Catedral
E o largo Dom Afonso e as avenidas...
E à noite o fabuloso céu austral
Do “Margarida’s”.

Há quaresmas e acácias pela serra
E muitas outras coisas coloridas
E o ar é frio e puro, e verde a terra
No “Margarida’s”.

Amigo, se o que buscas é... buscar-te
Ou quem sabe curar velhas feridas
Eis meu conselho: não hesites, parte
Ao "Margarida's".

O ESPECTRO DA ROSA

Juntem-se vermelho
Rosa, azul e verde
E quebrem o espelho
Roxo para ver-te

Amada anadiômena
Saindo do banho
Qual rosa morena
Mais chá que laranja.

E salte o amarelo
Cinzento de ciúme
E envolta em seu chambre

Te leve castanha
Ao branco negrume
Do meu leito em chamas.

Montevidéu, 1959

NÃO COMEREI DA ALFACE A VERDE PÉTALA

Não comerei da alface a verde pétala
Nem da cenoura as hóstias desbotadas
Deixarei as pastagens às manadas
E a quem mais aprouver fazer dieta.

Cajus hei de chupar, mangas-espadas
Talvez pouco elegantes para um poeta
Mas peras e maçãs, deixo-as ao esteta
Que acredita no cromo das saladas.

Não nasci ruminante como os bois
Nem como os coelhos, roedor; nasci
Omnívoro; dêem-me feijão com arroz

E um bife, e um queijo forte, e parati
E eu morrerei, feliz, do coração
De ter vivido sem comer em vão.

Los Angeles, 1947

FEIJOADA À MINHA MODA

Amiga Helena Sangirardi
Conforme um dia eu prometi
Onde, confesso que esqueci
E embora — perdoe — tão tarde

(Melhor do que nunca!) este poeta
Segundo manda a boa ética
Envia-lhe a receita (poética)
De sua feijoada completa.

Em atenção ao adiantado
Da hora em que abrimos o olho
O feijão deve, já catado
Nos esperar, feliz, de molho.

E a cozinheira, por respeito
À nossa mestria na arte
Já deve ter tacado peito
E preparado e posto à parte

Os elementos componentes
De um saboroso refogado
Tais: cebolas, tomates, dentes
De alho — e o que mais for azado

Tudo picado desde cedo
De feição a sempre evitar
Qualquer contato mais... vulgar
Às nossas nobres mãos de aedo

Enquanto nós, a dar uns toques
No que não nos seja a contento
Vigiaremos o cozimento
Tomando o nosso uísque *on the rocks*.

Uma vez cozido o feijão
(Umas quatro horas, fogo médio)
Nós, bocejando o nosso tédio
Nos chegaremos ao fogão

E em elegante curvatura:
Um pé adiante e o braço às costas
Provaremos a rica negrura
Por onde devem boiar postas

De carne-seca suculenta
Gordos paios, nédio toucinho
(Nunca orelhas de bacorinho
Que a tornam em excesso opulenta!)

E — atenção! — segredo modesto
Mas meu, no tocante à feijoada:
Uma língua fresca pelada
Posta a cozer com todo o resto.

Feito o quê, retire-se caroço
Bastante, que bem amassado
Junta-se ao belo refogado
De modo a ter-se um molho grosso

Que vai de volta ao caldeirão
No qual o poeta, em bom agouro
Deve esparzir folhas de louro
Com um gesto clássico e pagão.

Inútil dizer que, entrementes
Em chama à parte desta liça
Devem fritar, todas contentes
Lindas rodelas de lingüiça

Enquanto ao lado, em fogo brando
Desmilingüindo-se de gozo
Deve também se estar fritando
O torresminho delicioso

Em cuja gordura, de resto
(Melhor gordura nunca houve!)
Deve depois frigir a couve
Picada, em fogo alegre e presto.

Uma farofa? — tem seus dias...
Porém que seja na manteiga!
A laranja gelada, em fatias
(Seleta ou da Bahia) — e chega.

Só na última cozedura
Para levar à mesa, deixa-se
Cair um pouco da gordura
Da lingüiça na iguaria — e mexa-se.

Que prazer mais um corpo pede
Após comido um tal feijão?
— Evidentemente uma rede
E um gato para passar a mão...

Dever cumprido. Nunca é vã
A palavra de um poeta... — jamais!
Abraça-a, em Brillat-Savarin
O seu Vinicius de Moraes.

Petrópolis, 1962

O MOSQUITO

Parece mentira
De tão esquisito:
Mas sobre o papel
O feio mosquito
Fez sombra de lira!

Montevidéu, 1959

OF GOD AND GOLD

As gold breeds misery
Misery breeds light
That makes the stones glare
For the pauper's delight.

Light is but the pauper's gold
Stones are but rocks
That pave the way where run
God's miserable flocks.

The world has many rocks
God has many flocks
God's a shepherd, I was told
God is made of gold.

LAPA DE BANDEIRA

(QUINTA-RIMA)

A Manuel Bandeira

Existia, e ainda existe
Um certo beco na Lapa
Onde assistia, não assiste
Um poeta no fundo triste
No alto de um apartamento
Como no alto de uma escarpa.

Em dias de minha vida
Em que me levava o vento
Como uma nave ferida
No cimo da escarpa erguida
Eu via uma luz discreta
Acender serenamente.

Era a ilha da amizade
Era o espírito do poeta
A buscar pela cidade
Minha louca mocidade.
Como uma nave ferida
Perambulando patética.

E eu ia e ascensionava
A grande espiral erguida
Onde o poeta me aguardava
E onde tudo me guardava
Contra a angústia do vazio
Que embaixo me consumia.

Um simples apartamento
Num pobre beco sombrio
Na Lapa, junto ao convento...
Porém, no meu pensamento
Era o farol da poesia
Brilhando serenamente.

Rio, 1952

BLUES PARA EMMETT LOUIS TILL

(O NEGRINHO AMERICANO QUE OUSOU ASSOVIAR PARA UMA MULHER BRANCA)

Os assassinos de Emmett
— Poor Mamma Till!
Chegaram sem avisar
— Poor Mamma Till!
Mascando cacos de vidro
— Poor Mamma Till!
Com suas caras de cal.

Os assassinos de Emmett
— Poor Mamma Till!
Entraram sem dizer nada
— Poor Mamma Till!
Com seu hálito de couro
— Poor Mamma Till!
E seus olhos de punhal.

— I hate to see that evenin'sun go down...

Os assassinos de Emmett
— Poor Mamma Till!
Quando o viram ajoelhado
— Poor Mamma Till!
Descarregaram-lhe em cima
— Poor Mamma Till!
O fogo de suas armas.

Enquanto contendo o orgasmo
— Poor Mamma Till!
A mulher faz um guisado
— Poor Mamma Till!
Para esperar o marido
— Poor Mamma Till!
Que a seu mando foi vingá-la.

— O how I hate to see that evenin'sun go down...

O ANJO DAS PERNAS TORTAS

A Flávio Porto

A um passe de Didi, Garrincha avança
Colado o couro aos pés, o olhar atento
Dribla um, dribla dois, depois descansa
Como a medir o lance do momento.

Vem-lhe o pressentimento; ele se lança
Mais rápido que o próprio pensamento
Dribla mais um, mais dois; a bola trança
Feliz, entre seus pés — um pé-de-vento!

Num só transporte a multidão contrita
Em ato de morte se levanta e grita
Seu uníssono canto de esperança.

Garrincha, o anjo, escuta e atende: — Goooool!
É pura imagem: um G que chuta um o
Dentro da meta, um l. É pura dança!

Rio, 1962

O ÔNIBUS GREYHOUND ATRAVESSA O NOVO MÉXICO

Terra seca árvore seca
E a bomba de gasolina
Casa seca paiol seco
E a bomba de gasolina
Serpente seca na estrada
E a bomba de gasolina
Pássaro seco no fio
(E a bomba de gasolina)
Do telégrafo: S.O.S.
E a bomba de gasolina
A pele seca o olhar seco
(E a bomba de gasolina)
Do índio que não esquece
E a bomba de gasolina
E a bomba de gasolina
E a bomba de gasolina
E a bomba de gasolina...

NAMORADOS NO MIRANTE*

Eles eram mais antigos que o silêncio
A perscrutar-se intimamente os sonhos
Tal como duas súbitas estátuas
Em que apenas o olhar restasse humano.
Qualquer toque, por certo, desfaria
Os seus corpos sem tempo em pura cinza.
Remontavam às origens — a realidade
Neles se fez, de substância, imagem.
Dela a face era fria, a que o desejo
Como um *hictus*, houvesse adormecido
Dele apenas restava o eterno grito
Da espécie — tudo mais tinha morrido.
Caíam lentamente na voragem
Como duas estrelas que gravitam
Juntas para, depois, num grande abraço
Rolarem pelo espaço e se perderem
Transformadas no magma incandescente
Que milênios mais tarde explode em amor
E da matéria reproduz o tempo
Nas galáxias da vida no infinito.

Eles eram mais antigos que o silêncio...

Rio, 1960

*Feito para uma fotografia de Luís Carlos Barreto.

POEMA DESENTRANHADO DA HISTÓRIA DOS PARTICÍPIOS

(DO URIANISMO DOS VERBOS TER E HAVER)

A partir do século XVI
Os verbos ter e haver esvaziaram-se de sentido
Para se tornarem exclusivamente auxiliares
E os particípios passados
Adquirindo em conseqüência um sentido ativo
Imobilizaram-se para sempre em sua forma indeclinável.

A ESTRELINHA POLAR

De repente o mar fosforesceu, o navio ficou silente
O firmamento lactesceu todo em poluções vibrantes de astros
E a Estrelinha Polar fez um pipi de prata no atlântico penico.

Oceano Atlântico, a bordo do *Highland Patriot*,
a caminho da Inglaterra, setembro, 1938

DIALÉTICA

É claro que a vida é boa
E a alegria, a única indizível emoção
É claro que te acho linda
Em ti bendigo o amor das coisas simples
É claro que te amo
E tenho tudo para ser feliz
Mas acontece que eu sou triste...

Montevidéu, 1960

SONETO DE MONTEVIDÉU

Não te rias de mim, que as minhas lágrimas
São água para as flores que plantaste
No meu ser infeliz, e isso lhe baste
Para querer-te sempre mais e mais.

Não te esqueças de mim, que desvendaste
A calma ao meu olhar ermo de paz
Nem te ausentes de mim quando se gaste
Em ti esse carinho em que te esvais.

Não me ocultes jamais teu rosto; dize-me
Sempre esse manso adeus de quem aguarda
Um novo manso adeus que nunca tarda

Ao amante dulcíssimo que fiz-me
À tua pura imagem, ó anjo da guarda
Que não dás tempo a que a distância cisme.

Montevidéu, 1959

A ARCA DE NOÉ

Sete em cores, de repente
O arco-íris se desata
Na água límpida e contente
Do ribeirinho da mata.

O sol, ao véu transparente
Da chuva de ouro e de prata
Resplandece resplendente
No céu, no chão, na cascata.

E abre-se a porta da Arca
De par em par: surgem francas
A alegria e as barbas brancas
Do prudente patriarca

Noé, o inventor da uva
E que, por justo e temente
Jeová, clementemente
Salvou da praga da chuva.

Tão verde se alteia a serra
Pelas planuras vizinhas
Que diz Noé: "Boa terra
Para plantar minhas vinhas!".

E sai levando a família
A ver; enquanto, em bonança
Colorida maravilha
Brilha o arco da aliança.

Ora vai, na porta aberta
De repente, vacilante
Surge lenta, longa e incerta
Uma tromba de elefante.

E logo após, no buraco
De uma janela, aparece
Uma cara de macaco
Que espia e desaparece.

Enquanto, entre as altas vigas
Das janelinhas do sótão
Duas girafas amigas
De fora as cabeças botam.

Grita uma arara, e se escuta
De dentro um miado e um zurro
Late um cachorro em disputa
Com um gato, escouceia um burro.

A Arca desconjuntada
Parece que vai ruir
Aos pulos da bicharada
Toda querendo sair.

Vai! Não vai! Quem vai primeiro?
As aves, por mais espertas
Saem voando ligeiro
Pelas janelas abertas.

Enquanto, em grande atropelo
Junto à porta de saída
Lutam os bichos de pêlo
Pela terra prometida.

"Os bosques são todos meus!"
Ruge soberbo o leão
"Também sou filho de Deus!"
Um protesta; e o tigre — "Não!"

Afinal, e não sem custo
Em longa fila, aos casais
Uns com raiva, outros com susto
Vão saindo os animais.

Os maiores vêm à frente
Trazendo a cabeça erguida
E os fracos, humildemente
Vêm atrás, como na vida.

Conduzidos por Noé
Ei-los em terra benquista
Que passam, passam até
Onde a vista não avista.

Na serra o arco-íris se esvai...
E... desde que houve essa história
Quando o véu da noite cai
Na terra, e os astros em glória

Enchem o céu de seus caprichos
É doce ouvir na calada
A fala mansa dos bichos
Na terra repovoada.

SÃO FRANCISCO

Lá vai São Francisco
Pelo caminho
De pé descalço
Tão pobrezinho
Dormindo à noite
Junto ao moinho
Bebendo a água
Do ribeirinho.

Lá vai São Francisco
De pé no chão
Levando nada
No seu surrão
Dizendo ao vento
Bom dia, amigo
Dizendo ao fogo
Saúde, irmão.

Lá vai São Francisco
Pelo caminho
Levando ao colo
Jesuscristinho
Fazendo festa
No menininho
Contando histórias
Pros passarinhos.

A CASA

Era uma casa
Muito engraçada
Não tinha teto
Não tinha nada
Ninguém podia
Entrar nela não
Porque na casa
Não tinha chão
Ninguém podia
Dormir na rede
Porque a casa
Não tinha parede
Ninguém podia
Fazer pipi
Porque penico
Não tinha ali
Mas era feita
Com muito esmero
Na rua dos Bobos
Número zero.

A PONTE DE VAN GOGH

O lugar não importa: pode ser o Japão, a Holanda, a campina
[inglesa.
Mas é absolutamente preciso que seja domingo.

O azul do céu ecoa na esmeralda do rio
E o rio reflete docemente as margens de relva verde-laranja
Dir-se-ia que da mansão da esquerda voou o lençol virginal
[de miss
Para ser no céu sem mancha a única nuvem.
A calma é velha, de uma velhice sem pátina
As cores são simples, ingênuas
A estação é feliz: o guarda da ponte chegou a pintar
De listas vermelhas o teto de sua casinhola.
E, meu Deus, se não fossem esses diabinhos de pinheiros a
[fazer caretas
E a pressa com que o homem da charrete vai:
A pressa de quem atravessou um vago perigo
Tudo estivesse perfeito, e não me viesse esse medo tolo de
[que a pequena ponte levadiça
Desabe e se molhe o vestido preto de Cristina Georgina
[Rosseti
Que vai de umbrela especialmente para ouvir a prédica do
[novo pastor da vila.

Itatiaia, setembro de 1937

CEMITÉRIO MARINHO

Tal como anjos em decúbito
A conversar com o céu baixinho
Existem cerca de cem túmulos
Num lindo cemiteriozinho
Que eu, a passeio, descobri
Um dia em Sidi Bou Said.

Mal defendidos por uns muros
Erguidos ao sabor da morte
Eu nunca vi mortos tão puros
Mortos assim com tanta sorte
As lajes de cal como túnicas
Brancas, e árabes; não púnicas.

Sim, porque cemiteriozinho
Nunca se viu assim tão árabe
Feito o beduíno que é sozinho
Ante o deserto que lhe cabe
E mudo em face do horizonte
Sem uma sombra que o confronte.

Pequenos paralelepípedos
Fendidos uns, conforme o sexo
Eis suas lápides: antípodas
Das que se vêem num cemitério
De gente do nosso pigmento:
Os nossos mortos de cimento.

Quem se deixar de tarde ali
Isento de mágoa ou conflito
A olhar o mar (sem Valéry!)
Como um espelho de infinito
E o céu como um anti-recôncavo:
Como o convexo de um côncavo

Acabará (comigo deu-se!)
Ouvindo os mortos cochicharem
Alegremente, eles e Deus
Mas não o nosso: o Deus dos árabes
Que não fez Sidi Bou Said
Para os prazeres de André Gide

Mas sim porque a vida segue
E o tempo pára, e a morte é um canto
Porque morrer é coisa alegre
Para quem vive e sofre tanto
Como no cemiteriozinho, ali
Ao céu de Sidi Bou Said.

Sidi Bou Said, outubro de 1963
Florença, novembro de 1963

P(B)A(O)I

A Carlos Drummond de Andrade, que com seu
só título *Boitempo* me deu a chave deste poema

Pai
Modorrando de tarde na cadeira
De balanço, a cabeça cai-não-cai.
Pai
Espantando o moscardo
Feito o boi faz com o rabo
Zum! iridesceu, se foi, muu.
Pai. Ah, como dói
Lembrar-te assim, pai pé-de-boi
Sentado à mesa mastigando sonhos
Boipai, entre as samambaias e avencas
Do pequeno jardim, utilinútil, ai...
Paiboi, paiboiota, boipapai
Babando amor no curral das acácias
Quebrando ferrolhos com a força
Dos cascos fendidos para não entrar mais boi
No chão de dentro, igual a mim...
Ah, como dói lembrar-te, boi
Triste, boiassim, a córnea branca
No olho trágico, ruminando o medo
Pelo novilho tresmalhado.
Pai. Boi.
Olhando do portão o chão de fora
Na noite escura, muu, à espera. Onde estou eu
Teu vitelão insone, onde?
Nas tetas de que rês? Em que pasto?

Que não o teu, e da boieira
Que também já se foi? Boipai
Paiboi.
Muge-me, boi-espaço
Da tua eternidade as cantigas
Mais lindas que soavas com teus dedos
Ungulados nas cordas da viola
Hoje partida. Geme
Boi-da-guia, tua nunca boesia
Dá-me, boi-de-corte
Um quilo de tua alcatra decomposta
Tua língua comida
Um carrinho de mão de tua bosta
Com que fertilizar minha poesia
Neste instante transposta.
Para plantar meu novo verso
Menos eu, mais canção, menos enxerto
Não posso prescindir da tua morte
Teus ossos, teu estrume
Tu bom pai, tu boipai, tu boiconsorte
Eu boiciúme.

Rio, junho de 1969

SONETO DE LUZ E TREVA

Para a minha Gesse, e para que
ilumine sempre a minha noite

Ela tem uma graça de pantera
No andar bem-comportado de menina.
No molejo em que vem sempre se espera
Que de repente ela lhe salte em cima.

Mas súbito renega a bela e a fera
Prende o cabelo, vai para a cozinha
E de um ovo estrelado na panela
Ela com clara e gema faz o dia.

Ela é de capricórnio, eu sou de libra
Eu sou o Oxalá velho, ela é Inhansã
A mim me enerva o ardor com que ela vibra

E que a motiva desde de manhã.
— Como é que pode, digo-me com espanto
A luz e a treva se quererem tanto...

Itapuã, 8/12/1971

A CIDADE ANTIGA

Houve tempo em que a cidade tinha pêlo na axila
E em que os parques usavam cinto de castidade
As gaivotas do Pharoux não contavam em absoluto
Com a posterior invenção dos *kamikazes*
De resto, a metrópole era inexpugnável
Com Joãozinho da Lapa e Ataliba de Lara.

Houve tempo em que se dizia: LU-GO-LI-NA,
U, loura; O, morena; I, ruiva; A, mulata!
Vogais! tônico para o cabelo da poesia
Já escrevi, certa vez, vossa triste balada
Entre os minuetos sutis do comércio imediato
As portadoras de êxtase e de permanganato!

Houve um tempo em que um morro era apenas um morro
E não um camelô de colete brilhante
Piscando intermitente o grito de socorro
Da livre concorrência: um pequeno gigante
Que nunca se curvava, ou somente nos dias
Em que o Melo Maluco praticava acrobacias.

Houve tempo em que se exclamava: Asfalto!
Em que se comentava: Verso livre! com receio...
Em que, para se mostrar, alguém dizia alto:
"Então às seis, sob a marquise do Passeio..."
Em que se ia ver a bem-amada sepulcral
Decompor o espectro de um sorvete na Paschoal

Houve tempo em que o amor era melancolia
E a tuberculose se chamava consumpção
De geométrico na cidade só existia
A palamenta dos ioles, de manhã...
Mas em compensação, que abundância de tudo!
Água, sonhos, marfim, nádegas, pão, veludo!

Houve tempo em que apareceu diante do espelho
A flapper cheia de it, a esfuziante miss
A boca em coração, a saia acima do joelho
Sempre a tremelicar os ombros e os quadris
Nos shimmies: a mulher moderna... Ó Nancy! Ó Nita!
Que vos transformastes em dízima infinita...

Houve tempo... e em verdade eu vos digo: havia tempo
Tempo para a peteca e tempo para o soneto
Tempo para trabalhar e para dar tempo ao tempo
Tempo para envelhecer sem ficar obsoleto...
Eis por que, para que volte o tempo, e o sonho, e a rima
Eu fiz, de humor irônico, esta poesia acima.

A CIDADE EM PROGRESSO

A cidade mudou. Partiu para o futuro
Entre semoventes abstratos
Transpondo na manhã o imarcescível muro
Da manhã na asa dos DC-4s

Comeu colinas, comeu templos, comeu mar
Fez-se empreiteira de pombais
De onde se vêem partir e para onde se vêem voltar
Pombas paraestatais.

Alargou os quadris na gravidez urbana
Teve desejos de cúmulos
Viu se povoarem seus latifúndios em Copacabana
De casa, e logo além, de túmulos.

E sorriu, apesar da arquitetura teuta
Do bélico Ministério
Como quem diz: Eu só sou a hermeneuta
Dos códices do mistério...

E com uma indignação quem sabe prematura
Fez erigir do chão
Os ritmos da superestrutura
De Lúcio, Niemeyer e Leão.

E estendeu ao sol as longas panturrilhas
De entontecente cor
Vendo o vento eriçar a epiderme das ilhas
Filhas do Governador.

Não cresceu? Cresceu muito! Em grandeza e miséria
Em graça e disenteria
Deu franquia especial à doença venérea
E à alta quinquilharia.

Tornou-se grande, sórdida, ó cidade
Do meu amor maior!
Deixa-me amar-te assim, na claridade
Vibrante de calor!

ELEGIA DE PARIS

Maintenant j'ai trop vu. Neste momento
Eu gostaria de esquecer as prostitutas de Amsterdam
Em seus mostruários, e os modelos
De Dior, comendo *croque-monsieur* com gestos
Japoneses, na *terrasse* do Hotel-des-Théâtres. O que
Eu gostaria agora era de ver-te surgir no claustro do meu sonho
Como uma tarde finda. Ah,
Ânsia de rever-te! ou de rever
O brilho de uma abotoadura de ouro — lembras-te? — caída
[no ralo da pia do velho.

St. Thomas d'Aquin... há quanto tempo?
Não sei mais! Entrementes
A morte fez-se extraordinariamente próxima e por vezes
Tão doce, tão... Tem uma face amiga —
É a tua face, amiga?

O NAMORADO DAS RUAS

Eu sou doido por Alice
Mas confesso que a meiguice
De Conceição me alucina.
Lucília não me dá folga
Porém que amor é Bambina!
Por Olga já fiz miséria
Perdi dinheiro e saúde
Mas quando Maria Quitéria
Apareceu, eu não pude...
Mais tarde, dona Florinda
Quase me pega: que uva!
Depois foi a viúva Dantas:
Nunca vi coisa mais linda
Do que o morro da Viúva.
Em seguida foram tantas
Que já nem estou mais lembrado
Foi Tereza Guimarães
Foi Carolina Machado.
Hilda tinha tanto fogo
Que eu, fraco, sem poder mais
Mudei para Botafogo
Meus casos sentimentais.
Minha dona Mariana
Que saudades da senhora...
Como foi bom seu convívio
Depois que deixei Aurora!
Foi por essa ocasião
Que eu, numa questão de dias
Namorei tantas Marias
Quantas encontrei à mão.

Primeiro, Maria Amália
E logo Maria Angélica
Que larguei por Marieta
Por achá-la um tanto bélica.
Maria do Carmo deu-me
Momentos a não esquecer
E a bela Maria Paula...
Morei nela de morrer.
Estela... de minha vida
Nunca vi coisa mais nua
Nem mais ardente; foi ela
Quem mostrou-me o olho da rua.
Em Ana Teles perdi
Os meus versos mais profundos
Depois passei-me para Alcina:
Como adorava os baldios
Que existiam nos seus fundos!
E Irene... como era triste!
No entanto, tão bem calçada...
Nela gastei muito alpiste
Para a sua passarada.
Mas se me disserem: poeta
Qual o nome mais amado
Das ruas que conheceu?
Eu tanto tempo passado
Ó minha Joana Angélica
Iria dizer o teu.

SONETO COM PÁSSARO E AVIÃO

De "O grande desastre do six-motor francês
Leonel de Marmier, tal como foi visto e vivido pelo
poeta Vinicius de Moraes, passageiro a bordo"

Uma coisa é um pássaro que voa
Outra um avião. Assim, quem o prefere
Não sabe às vezes como o espaço fere
Aquele. Um vi morrer, voando à toa

Um dia em Christ Church Meadows, numa antiga
Tarde, reminiscente de Wordsworth...
E tudo o que ficou daquela morte
Foi um baque de plumas, e a cantiga

Interrompida a meio: espasmo? espanto?
Não sei. Tomei-o leve em minha mão
Tão pequeno, tão cálido, tão lasso

Em minha mão... Não tinha o peito de amianto.
Não voaria mais, como o avião
Nos longos túneis de cristal do espaço...

POSFÁCIO DOS ORGANIZADORES

Publicado como introdução
à *Nova antologia poética*,
São Paulo: Companhia das
Letras, 2003.

A *Antologia poética* de Vinicius de Moraes veio à luz pela primeira vez sob a chancela da editora carioca A Noite, sem registro de data. Antecedendo os poemas, uma "Advertência" (do poeta, sem dúvida, embora não trouxesse assinatura) exibia no fim o local e data: "Los Angeles, junho de 1949". No entanto, a maior parte das bibliografias de Vinicius apresenta 1954 como ano de publicação; outras registram o seu aparecimento fixando a data da "Advertência".

De fato, desde 1948 havia planos para tal coletânea de poemas. Em carta a Manuel Bandeira, de 17 de fevereiro daquele ano, Vinicius diz: "Fiquei muito contente de você poder tomar conta do meu livro. Chamarei, claro!, de *Antologia*. Como Gabriela [Mistral] ainda o tem em seu poder, vou dar um pulo a Santa Bárbara".

Já em 20 de setembro de 1949, Bandeira, em carta a João Cabral de Melo Neto, informaria: "O Vinicius mandou-me um grande catatau para ser editado sob as minhas vistas. Toda a poesia até agora dele, excluídos os poemas que ele hoje renega (quase todos os de *O caminho para a distância* e muitos de *Forma e exegese*). Será o segundo volume da série da Livraria da Casa do Estudante iniciada pelas minhas *Poesias completas*".[1]

Em outra carta, de 25 de novembro de 1951, Bandeira volta a tocar no assunto com Cabral: "A Editora da Noite, dirigida agora pelo Cassiano Ricardo, vai editar as poesias dele [Vinicius], tudo, excluídas as que repudia (do *Caminho para a distância* parece que só entra uma)".[2] A informação indicava, como se vê, a editora que realmente veio a cuidar da publicação, e confirmava a rejeição de Vinicius de Moraes aos versos de seus dois primeiros livros (a *Anto-*

1. *Correspondência de Cabral com Bandeira e Drummond.* Org., apresent. e notas Flora Süssekind. Rio de Janeiro: Nova Fronteira / Fundação Casa de Rui Barbosa, 2001, p. 111.

2. *Correspondência de Cabral com Bandeira e Drummond*, p. 139.

logia poética, com efeito, só recolheu um poema — "A uma mulher" — do livro de estréia).

Passou-se outro ano, e agora o próprio Vinicius, em carta de 12 de setembro de 1952, a Roberto Assumpção, diplomata brasileiro e seu grande amigo, arrola alguns dados biobibliográficos e assevera a certa altura: "Tem no prelo a sua *Antologia poética*, a aparecer ainda este ano".

Estamos já, sem dúvida, longe do ano de escrita da "Advertência". Em crônica datada de outubro de 1953, Vinicius considera: "Há algum tempo atrás terminei os trabalhos de correção de uma coletânea de meus poemas, a sair proximamente".[3]

De resto, 1954 foi, como já dissemos, o ano que a maior parte das bibliografias de Vinicius de Moraes fixou como o do aparecimento de sua *Antologia poética*, o que nos sugere que o poeta mesmo teria dado tal informação ou que, pelo menos, não a teria desmentido.

Em 271 páginas, o livro reuniu poemas dos livros *O caminho para a distância* (1933), *Forma e exegese* (1935), *Ariana, a mulher* (1936), *Novos poemas* (1938), *Cinco elegias* (1943), *Poemas, sonetos e baladas* (1946) e *Pátria minha* (1949).

No texto das orelhas, assinado por Rubem Braga, lemos que a seleção foi feita "pelo próprio poeta com a ajuda de amigos — principalmente Manuel Bandeira" e, mais adiante, que também ele, Braga, teria colaborado de algum modo no processo de escolha. Pode-se inferir daí que, embora Vinicius tenha sido o responsável pelo arranjo global da coletânea, nela atuaram outros gostos e juízos. Mas, se estes alteraram mais ou menos o rumo do projeto inicial, a renegação (note-se que Bandeira usa duas vezes, em cartas com intervalos de um ano, o verbo *renegar*) dos

3. A crônica foi recolhida em *Para uma menina com uma flor*, Rio de Janeiro: Editora do Autor, 1966; reed.: São Paulo: Companhia das Letras, 1992.

poemas d'*O caminho para a distância* e *Forma e exegese* manteve-se inalterada, o que indica uma possível concordância dos companheiros com a avaliação de Vinicius e, sem dúvida alguma, a certeza deste com relação ao julgamento de seus primeiros livros.

A "Advertência", reproduzida nas edições posteriores, afirma que o livro pode ser dividido em duas partes, correspondentes a dois períodos distintos da obra do poeta: a primeira, definida como "transcendental, freqüentemente mística, resultante de sua fase cristã",[4] que teria chegado a seu termo com o poema-livro *Ariana, a mulher*. Afirma-se, ainda, que, nessa parte, além de umas pequenas emendas, a única alteração digna de nota era a redução do poema "O cemitério da madrugada" às quatro estrofes iniciais, acatamento de uma velha sugestão do amigo Rodrigo M. F. de Andrade. Embora tenham sido poucas as modificações no corpo dos poemas selecionados, valeria mencionar que d'*O caminho para a distância* sobrevivera apenas um poema, opção que expressa um julgamento despido de qualquer autocomplacência e confirma absolutamente os rumos da poética de Vinicius de Moraes.

A segunda parte definir-se-ia pelo movimento de "aproximação do mundo material, com a difícil mas consistente repulsa ao idealismo dos primeiros anos".[5] Seu marco inaugural é "O falso mendigo", de *Novos poemas* ("o primeiro, ao que se lembra o A., escrito em oposição ao transcendentalismo anterior"),[6] e traz poemas desse livro (também representado na fase anterior) somados a outros publicados em livros, revistas e jornais.

Entre as duas partes — definidoras, segundo o poeta, de tendências antagônicas — foram postas as *Cinco ele-*

4. *Antologia poética*, Rio de Janeiro: A Noite, s. d., p. 5.
5. *Antologia poética*, p. 5.
6. Idem.

gias, buscando-se com tal posição intermediária a representação de um período de transição.

No seu último parágrafo, a "Advertência" aponta as disparidades do índice, referência, sem dúvida, ao aproveitamento de só um poema do primeiro livro e de apenas metade dos poemas do segundo, números contrastantes com a consagração ampla de *Poemas, sonetos e baladas* — mas disparidade também entre as duas fases, pois que a primeira se mostra em 26 poemas, enquanto a segunda figura em 96. Também se expõe o caráter cronológico do arranjo, com o qual se ofereceria "uma impressão verídica do que foi a luta mantida pelo A. contra si mesmo no sentido de uma libertação, hoje alcançada, dos preconceitos e enjoamentos de sua classe e do seu meio, os quais tanto, e tão inutilmente, lhe angustiaram a formação".[7]

Está claro que a estrutura criada por Vinicius de Moraes para a sua *Antologia poética* buscava dar a ver uma segmentação de sua obra em duas fases distintas, havendo entre elas um breve momento de transição. É certo também que o poeta pretendia, com a dureza desta sua visão, libertar-se ainda mais, e mais uma vez, de tudo o que o oprimia, donde o reforço do abandono de uma fase, ficando em nós a impressão de que esta foi mantida no livro praticamente como registro de uma memória literária da qual o autor não pudesse escapar de todo.

Num arranjo dessa natureza, em que ficam expostos a adoção e o abandono de opções estéticas (mas não apenas estéticas), ganha-se em clareza didática, é certo, mas, em contrapartida, perde-se em agudeza crítica. Numa concepção menos preocupada em revelar os cortes e as diferenças, haveria mais lugar para indagações como: o desenvolvimento da poética de Vinicius poderia ser compreendido num sentido distinto daquele que a limita em duas fases? E,

7. *Antologia poética*, p. 6.

confirmando-se a dualidade do quadro, seria possível perguntar se todo o movimento da escrita viniciana teria sido apenas na direção do apagamento e da substituição de um primeiro estágio, ou se algum traço deste teria permanecido ou se desenvolvido no segundo momento.

Ainda que pareça saltar aos olhos a distância entre aquela poesia "transcendental, freqüentemente mística" e o projeto de "aproximação do mundo material", pensamos que uma nova seleção de poemas deveria oferecer um quadro menos estanque dos intervalos que separam os diferentes momentos da obra de Vinicius. Sem ignorar as transformações essenciais ocorridas no desenrolar da obra do poeta, acreditamos que estamos dando uma visão mais clara de tal processo pela adoção do pressuposto de que não há uma saída de um extremo a outro, ou ainda, pelo entendimento de que, nas mudanças, cortes, saltos, desvios, certos elementos foram aproveitados, amadurecidos, e outros de fato abandonados, numa marcha mais ou menos consciente.

Parecerá contraditório, portanto, que esta *Nova antologia poética* tenha retirado o único poema d'*O caminho para a distância* mantido por Vinicius, e que nela tenhamos reduzido ainda mais o número de poemas de *Forma e exegese*. Esse gesto resulta do fato de que trabalhamos sem que nos guiasse uma visão de "fases" — caso contrário, elas teriam, obrigatoriamente, de estar aqui registradas. Tampouco nos interessou a constituição de um vasto painel. Não seria a quantidade o valor-guia capaz de oferecer uma visão mais orgânica da poesia de Vinicius de Moraes.

Em poesia, só o excelente é bom. "Que sejam medíocres os poetas", observa Horácio, "nem os homens, nem os deuses, nem as colunas concedem." É por isso que Ezra Pound tem razão ao afirmar que "é melhor produzir *uma* Imagem na vida do que obras volumosas". Como na poesia o que conta não é a quantidade, mas a qualidade, considera-se justo, com razão, que o poeta que tenha publicado apenas algumas poucas páginas extraordinárias seja considerado grande, e insignificante o poeta que tenha publicado uma batelada de páginas não mais que medíocres. O que torna aquele grande é que tenha sido capaz de produzir grandes poemas. Em última análise, é indiferente que, além disso, ele seja rigoroso ou tolerante, criterioso ou permissivo para consigo mesmo; que não tenha publicado absolutamente nada de supérfluo ou que tenha deixado aparecer um grande número de versos banais ou mesmo ruins. Estes serão seguramente esquecidos, caindo num limbo semelhante ao dos rascunhos que o poeta rigoroso jamais publicou; independentemente disso, aqueles durarão tanto quanto merecerem e, se merecerem tanto ou mais que os do poeta rigoroso, tanto ou mais durarão que os versos deste.

Contudo, é somente em prazo indefinidamente largo — quando a poesia e os poetas são considerados, por assim dizer, *sub specie aeternitatis* — que o principal fator na avaliação de um poeta passa a ser a qualidade daquilo que de melhor ele tenha produzido. A história concreta da recepção crítica consiste na crônica dos acidentes que dificultaram ou favoreceram o reconhecimento, em determinado corpus poético, das obras que realmente merecem ser lidas e relidas. Evidentemente, o processo de separar o ouro da ganga bruta não se dá numa linha reta, pois é — como todas as coisas humanas — sujeito à influência de inúmeras variáveis. Interesses, ideologias, modas, simpatias e antipatias que, com o passar do tempo, tendem a se compensar mutuamente e a se anular, entram em jogo nesse momento de seleção que acaba por ser mais longo para determinados poetas, mais curto para outros. Pois bem; é nesse ponto que o rigor ou a tolerância de um autor têm peso, pois a triagem da obra de um poeta bom e complacente é, evidentemente, mais demorada.

Vinicius de Moraes talvez se enquadre nessa última categoria. Ele publicou muito, e publicou muita coisa boa; entretanto, nem tudo o que publicou e nem mesmo tudo o que escolheu para a antologia que fez de sua própria obra merece figurar ao lado dos seus melhores poemas. Nesse ponto, é provável que lhe tenha pesado a necessidade de registrar tanto fases de sua carreira quanto determinados marcos biográficos. Poder-se-ia argumentar que foi em conseqüência disso que sua fortuna crítica sofreu algumas das mais severas vicissitudes da moderna literatura brasileira. Tendo gozado durante mais de três décadas de raro reconhecimento em vida, hoje não é sequer fácil encontrar, no mundo acadêmico, alguém que se tenha dedicado a estudar a sua obra. Entretanto, pensamos que algumas outras causas poderão ter sido mais decisivas: os católicos atuantes jamais perdoaram o fato — que apreenderam como traição — de que ele tenha publicamente abandonado a fé quando o haviam consagrado; a esquerda militante desconfiava de seu aparente hedonismo "festivo"; os membros da geração de 45, sem confessá-lo, abominavam-no por elaborar sonetos infinitamente mais memoráveis que os deles; os vanguardistas, por empregar formas fixas; os conservadores, por não se ater a estas; os elitistas, por ter se tornado popular; etc.

Hoje, mais de vinte anos — uma geração — depois de sua morte, já nos distanciamos dessas contingências. Além disso, fomos obrigados a reconhecer, às custas de tantos *ismos*, *antiismos* e *antiantiismos*, que devemos ser menos sectários. Um poema experimental já não é tomado nem como destruição da poesia, nem como única maneira de fazê-la. Do mesmo modo, uma forma fixa tradicional, como o soneto, já não representa um fetiche aprioristicamente dotado de carga positiva ou negativa, mas tão-só uma forma poética entre outras. Aprendemos pelo menos que uma obra de arte deve ser julgada pelas suas qualidades individuais e não pelos méritos putativos da espécie ou do gênero a que pertença. Por essa razão, este nos pareceu ser o momento certo para a publicação da presente antologia.

Vinicius de Moraes foi um grande poeta: um dos maiores que já tivemos. Ele não está entre os grandes escritores que publicaram apenas algumas poucas páginas extraordinárias; ao contrário, encontra-se entre os raros que publicaram muitas páginas extraordinárias. Esta *Nova antologia poética* constitui a maior prova do que estamos a afirmar. Basta que o leitor a leia com os olhos da mente abertos, para comprovar que, como dizia Manuel Bandeira, Vinicius "tem o fôlego dos românticos, a espiritualidade dos simbolistas, a perícia dos parnasianos (sem refugar, como estes, as sutilezas barrocas) e, finalmente, homem bem do seu tempo, a liberdade, a licença, o esplêndido cinismo dos modernos".[8]

OS ORGANIZADORES
RIO DE JANEIRO, 2003

8. Manuel Bandeira, "Cinco elegias", Ensaios literários. In *Poesia e prosa*, vol. II, Rio de Janeiro: José Aguilar, 1958, p. 1284.

ARQUIVO

ADVERTÊNCIA*

VINICIUS DE MORAES

Poderia este livro ser dividido em duas partes, correspondentes a dois períodos distintos na poesia do A.

A primeira, transcendental, freqüentemente mística, resultante de sua fase cristã, termina com o poema "Ariana, a mulher", editado em 1936. Salvo, aqui e ali, umas pequenas emendas, a única alteração digna de nota nesta parte foi reduzir-se o poema "O cemitério da madrugada" às quatro estrofes iniciais, no que atendeu o A. a uma velha idéia de seu amigo Rodrigo M. F. de Andrade.

À segunda parte, que abre com o poema "O falso mendigo", o primeiro, ao que se lembra o A., escrito em oposição ao transcendentalismo anterior, pertencem algumas poesias do livro *Novos poemas*, também representado na outra fase, e os demais versos publicados posteriormente em livros, revistas e jornais. Nela estão nitidamente marcados os movimentos de aproximação do mundo material, com a difícil mas consistente repulsa ao idealismo dos primeiros anos.

De permeio foram colocadas as *Cinco elegias* (1943), como representativas do período de transição entre aquelas duas tendências contraditórias — livro também onde elas melhor se encontraram e fundiram em busca de uma sintaxe própria.

Não obstante certas disparidades, facilmente verificáveis no índice, impôs-se o critério cronológico para uma impressão verídica do que foi a luta mantida pelo A. contra si mesmo no sentido de uma libertação, hoje alcança-

* Texto de apresentação de *Antologia poética* (Rio de Janeiro: A Noite, s. d.; 2ª ed. aumentada, Rio de Janeiro: Editora do Autor, 1960).

da, dos preconceitos e enjoamentos de sua classe e do seu meio, os quais tanto, e tão inutilmente, lhe angustiaram a formação.

Los Angeles, junho de 1949 ·

[ANTOLOGIA POÉTICA]*

RUBEM BRAGA

Este livro reúne a maior e a melhor parte da obra de um dos grandes poetas do Brasil. Vinicius de Moraes nasceu no Rio, em 1913, aqui se formou em Direito e entrou, por concurso, para a carreira diplomática. Serviu durante quatro anos no consulado brasileiro em Los Angeles e está no momento como secretário de nossa embaixada em Paris. Seu primeiro livro foi *O caminho para a distância*, do qual pouco aproveitou nesta seleção, seguindo-se *Ariana, a mulher* e *Forma e exegese*, com o qual conquistou o Prêmio Felipe de Oliveira. Publicou a seguir *Novos poemas*, *Cinco elegias*, *Poemas, sonetos e baladas* e *Pátria minha*, que firmaram seu nome, no consenso da crítica, como o melhor poeta da turma que hoje entra pela casa dos quarenta. Alguns desses livros foram feitos em edições limitadas; todos estão há longo tempo esgotados, o que faz com que grandes admiradores de Vinicius de Moraes conheçam apenas uma pequena parte de sua obra. Esta seleção, feita pelo próprio poeta com a ajuda de amigos — principalmente Manuel Bandeira —, adquire, assim, uma grande importância, pois possibilita um estudo da evolução do poeta e a admiração do que ele tem feito de mais alto e melhor.

Vindo de um misticismo de fundo religioso para uma poesia nitidamente sensual que depois se muda em versos marcados por um fundo sentimento social, a obra de Vinicius tem como constante um lirismo de grande força e pureza. Ainda com o risco de incorrer na censura dos que levam suas preocupações puritanas ao domínio das artes,

* Publicado nas orelhas da primeira edição da *Antologia poética* de Vinicius de Moraes (Rio de Janeiro: A Noite, s. d.).

não quiseram os amigos do poeta, principalmente o que assina esta nota, e assim se faz responsável por esta resolução, suprimir algumas palavras ou expressões mais fortes que de raro em raro aparecem em seus versos. Isso fará com que não seja recomendável a presença deste livro em mãos juvenis — mas resguarda a pureza de sua poesia, que tudo, em poesia, transfigura.

Estamos certos de que, com a edição deste livro, a obra de Vinicius de Moraes ganhará uma popularidade maior, e passará a ter, entre o público, o lugar de honra que há muito ocupa no espírito e no sentimento dos poetas e dos críticos.

RECEITA DE POETA*

OTTO LARA RESENDE

Nous vivons trop longtemps.
Albert Camus

Remexendo velhos papéis, na tentativa por enquanto vã de organizar um arquivo e dar sumiço a muita coisa inútil ou inconveniente, reencontro as cartas que Vinicius de Moraes me mandou de Paris há 30 anos, em 1954. Diplomata, ele servia na Embaixada da Avenue Montaigne, 45. Só depois passaria para a missão brasileira na Unesco, sob a chefia de Paulo Carneiro. O tom da primeira carta, datada de 26 de maio de 1954, me permite concluir que o poeta, recém-chegado à Europa, continuava ligadíssimo às miudezas da vida no Rio. Junto com a carta, vem uma nota promissória no valor de 15 mil cruzeiros, para ser descontada no Banco de Crédito Real de Minas Gerais. Vinicius me incumbe de avalizar e fazer a reforma do título. Antes de partir, diz ele, tinha deixado "dez contos" com o nosso amigo Mario Cabral. "Sou um pagador por vezes tardo, mas sempre cumpridor", confessa. Curioso é que a promissória não foi usada e continua em meu poder. O Poeta só interrompe as suas preocupações de ordem material no parágrafo em que me transmite instruções para a edição de sua antologia: "Embaixo do título, entre parênteses, deve ter as datas 1933-1953. Uma única dúvida: o livro deve chamar-se *Poesias*, no plural, ou *Poesia*, no singular?" Sem fazer fé nos direitos autorais que mais tarde viriam a ser surpreendentes, Vinicius se dispõe a escrever uma crônica semanal e espera receber como pagamento "seis contos por mês". Sugere-me alguns contatos

* Texto publicado n'*O Globo*, 19 de fevereiro de 1984, p. 6.

para vender-lhe "duas laudas datilografadas" por semana e insiste: "Preciso ter um galhinho aí qualquer, pois Paris está me enterrando, em matéria de finanças. Não há dinheiro que chegue com todas as obrigações que se tem". Reiterando a preocupação de evitar "novas dívidas, novos empréstimos", o Poeta conclui a carta com uma intimação: "Não hesite. Venha para Paris já, senão Você não verá mais nada".

Um ano e pouco depois, em agosto de 1955, Vinicius volta à necessidade de uma "colaboração permanente", pois está "precisadíssimo de dinheiro" e quer vir ao Brasil por volta de outubro ou novembro: "Bolei uma crônica semanal — diz ele — que se poderia chamar 'O ar de Paris', e que poderia muito bem pegar aí". O Poeta andava agora mais animado: "Há muitas coisas boas acontecendo para mim por aqui. Mas só te contando pessoalmente. De qualquer modo, prepare-se para um furo, que eu prometo te dar em primeira mão". Já não sei que furo seria esse, mas por certo não era "Receita de Mulher", o poema que escreveu em 1955 em Paris e que me enviou para publicação na *Manchete*, de que eu era então diretor. Vinicius previa a popularidade da "Receita": "O poema fez tanto sucesso aqui, sobretudo entre o elemento feminino, que eu creio que valeria a pena experimentá-lo aí, e criar a confusão nas hostes locais — o que é sempre uma boa coisa". Em seguida, uma observação que hoje soa ainda mais pudica: "A única coisa que pode parecer um pouco forte é a palavra *nádegas* — mas, também, bolas!, todo mundo as tem". O poema saiu publicado na íntegra, apesar deste P.S.: "Se alguma coisa te parecer demasiado forte, altere docemente, ou corte para a publicação. Mas acho que pode passar assim".

Três semanas depois, nova carta do Poeta me pede para fazer seis retificações no texto. Quero crer que todas as emendas foram feitas. Poucas expressivas. Outras vieram mais tarde, como é o caso do verso inicial: "As muito feias que me perdoem". Na primeira versão, não existia o advérbio *muito*. Mas há um erro que continua sendo impresso, ou que pelo menos figura em duas edições que estou consultando: a 6ª edição da *Antologia poética* e a *Obra poética*, 1ª edição da Aguilar em 1968. O Poeta me diz na carta que no 32º verso a secretária bateu "Sobremodo pertinaz", no lugar de "Sobremodo pertinente". De fato, não há razão para a palavra *pertinaz*, que no entanto continua até hoje sem a necessária correção. Não tenho à mão o poema tal como saiu publicado na revista, mas é óbvio que não houve tempo para essa corrigenda. O Poeta me dava carta branca, que não era o caso de usar: "Se você notar alguma outra coisa, pode corrigir por sua conta". Em seguida retoma a proposta de escrever uma crônica semanal sobre Paris, o que nunca chegou a fazer. Como seu agente improvisado, não consegui que ninguém comprasse a sua colaboração. O mercado não demonstrou interesse.

Há uma provável nota masoquista neste exercício arqueológico a que me entrego, horas a fio, sentado no chão, tenho câimbras nas pernas e na alma. Mas é também uma forma de me esquivar do presente tão pouco estimulante: essa *abertura* que nunca mais que acaba de se abrir, essa agonia, esse tédio. Bendita fuga. Quando todo mundo pede uma Constituinte, o que vem é uma conjuntivite. Escárnio: diretas, não; direita, sim. Millôr Fernandes, acusado de "pregar a revolução", é ameaçado com a Lei de Segurança Nacional. Vinte anos depois de 1964, o Brasil parece uma piada de mau gosto. "Um país hoje sem esperança" — diz Afonso Arinos de Melo Franco. "Um retrocesso político lastimável" — declara o Governador Tancredo Neves. Dois mineiros equilibradíssimos, insuspeitos de qualquer eiva radical. A propósito, volto ao Vinicius, já que acabo de encontrar sua "Carta contra os escritores mineiros", publicada durante a guerra há 40 anos, em 1944, no *O jornal*. Trazia um subtítulo entre parênteses: "Por muito amar". Na origem da carta, que gerou forte polêmica, estava uma noitada do poeta com Fernando Sabino e comigo. Fomos ao Alcazar, na Av. Atlântica, ouvimos Louis Armstrong e Duke Ellington e, pela madrugada, entre uma e outra cerveja, saquei do bolso dois originais. Já não me lembro que textos eram esses. Naquele mesmo ano Alceu Amoroso Lima tinha pronunciado a série de conferências que reuniu em *A voz de Minas*. Um hino de exaltação a Minas.

Vinicius tinha 31 anos em 1944. Tendo estado conosco em Belo Horizonte, resolveu indicar-nos um caminho. Amorosamente espinafrou Minas e os mineiros. Generosíssima no louvor de um dos seus dois jovens amigos, a "Carta" de Vinicius condena o que nos mineiros lhe parece excessiva introspecção, intimismo, "alma patética" a viver numa "cidade mórbida". O Poeta atirou no escuro e causou rebuliço. A mineirada saiu a campo, para responder às apóstrofes solenes e a seu modo bastante patéticas com que Vinicius nos espicaçava: "Ah, escritores de Minas Gerais, deixai-me chorar o vosso destino. Deixai-me lamentar a prodigalidade com que vos dispensais os vossos raros dons". Quarenta anos depois dessa remotíssima "Carta", seria o caso de perguntar se o seu texto ainda contém um toque de atualidade. Há poucos dias Joel Silveira escreveu com sarcasmo que "mineiro já nasce velho". Agora recebo um exemplar do jornal *Malagueta*, com uma entrevista do mineiro Henrique de Souza Filho, o nosso Henfil. Sua crítica é contundente. "Felicidade em Minas é palavrão" — diz ele. Não é puro Vinicius-1944? Mas a entrevista é uma coragem só. E muito talento, tudo a desmentir o estereótipo do *mineiro* de anedota, convencional. Aliás, mineiro, mineiro radicado em São Paulo, é Carlito Maia, que hoje completa 60 anos. Personagem chapliniano e quixotesco, ninguém supera Carlito em generosidade, entusiasmo e nitidez. E de onde vem a sua flama senão das lavras e das betas dessas Minas capazes de surpresa e paradoxo?

[VINICIUS DE MORAES]*

ANTONIO CANDIDO

Vinicius de Moraes é um dos poucos poetas que conservaram no seio da modernidade toda a força da grande tradição lírica da língua portuguesa. Decerto porque não teve medo de ser profundamente humano em tudo o que escreveu. A sua poesia combina de maneira admirável o requinte da fatura com a expressão íntegra das emoções.

A espontaneidade foi a sua mais bela construção.

* Publicado na quarta capa da *Nova antologia poética* (org. Antonio Cicero e Eucanaã Ferraz, São Paulo: Companhia das Letras, 2003).

CRONOLOGIA

1913 Nasce Vinicius de Moraes, em 19 de outubro, no bairro da Gávea, Rio de Janeiro, filho de Lydia Cruz de Moraes e Clodoaldo Pereira da Silva Moraes.

1916 A família muda-se para Botafogo, e Vinicius passa a residir com os avós paternos.

1922 Seus pais e os irmãos transferem-se para a ilha do Governador, onde Vinicius constantemente passa suas férias.

1924 Inicia o curso secundário no Colégio Santo Inácio, em Botafogo.

1928 Compõe, com Haroldo e Paulo Tapajós, respectivamente, os foxes "Loura ou morena" e "Canção da noite", gravados pelos Irmãos Tapajós em 1932.

1929 Bacharela-se em letras, no Santo Inácio. Sua família muda-se para a casa contígua àquela onde nasceu o poeta, na rua Lopes Quintas.

1930 Entra para a Faculdade de Direito da rua do Catete.

1933 Forma-se em direito e termina o Curso de Oficial de Reserva. Estimulado por Otávio de Faria, publica seu primeiro livro, *O caminho para a distância*, na Schmidt Editora.

1935 Publica *Forma e exegese*, com o qual ganha o Prêmio Felipe d'Oliveira.

1936 Publica, em separata, o poema *Ariana, a mulher*.

1938 Publica *Novos poemas*. É agraciado com a bolsa do Conselho Britânico para estudar língua e literatura inglesas na Universidade de Oxford (Magdalen College), para onde parte em agosto do mesmo ano. Trabalha como assistente do programa brasileiro da BBC.

1939 Casa-se, por procuração, com Beatriz Azevedo de Mello. Regressa da Inglaterra em fins do mesmo ano, devido à eclosão da Segunda Grande Guerra.

1940 Nasce sua primeira filha, Susana. Passa longa temporada em São Paulo.

1941 Começa a escrever críticas de cinema para o jornal *A Manhã* e colabora no "Suplemento Literário".

1942 Nasce seu filho, Pedro. Faz uma extensa viagem ao Nordeste do Brasil acompanhando o escritor americano Waldo Frank.

1943 Publica *Cinco elegias*. Ingressa, por concurso, na carreira diplomática.

1944 Dirige o "Suplemento Literário" d'*O Jornal*.

1946 Parte para Los Angeles, como vice-cônsul, em seu primeiro posto diplomático. Publica *Poemas, sonetos e baladas* (372 exemplares, com ilustrações de Carlos Leão).

1947 Estuda cinema com Orson Welles e Gregg Toland. Lança, com Alex Viany, a revista *Filme*.

1949 Publica *Pátria minha* (tiragem de cinqüenta exemplares, em prensa manual, por João Cabral de Melo Neto, em Barcelona).

1950 Morre seu pai. Retorna ao Brasil.

1951 Casa-se com Lila Bôscoli. Colabora no jornal *Última Hora* como cronista diário e, posteriormente, como crítico de cinema.

1953 Nasce sua filha Georgiana. Colabora no tablóide semanário "Flan", de *Última Hora*. Edição francesa das *Cinq élégies*, nas edições Seghers. Escreve crônicas diárias para o jornal *A Vanguarda*. Segue para Paris como segundo-secretário da embaixada brasileira.

1954 Publica *Antologia poética*. A revista *Anhembi* edita sua peça *Orfeu da Conceição*, premiada no concurso de teatro do IV Centenário da cidade de São Paulo.

1955 Compõe, em Paris, uma série de canções de câmara com o maestro Claudio Santoro. Trabalha, para o produtor Sasha Gordine, no roteiro do filme *Orfeu negro*.

1956 Volta ao Brasil em gozo de licença-prêmio. Nasce

sua terceira filha, Luciana. Colabora no quinzenário *Para Todos*. Trabalha na produção do filme *Orfeu negro*. Conhece Antonio Carlos Jobim e convida-o para fazer a música de *Orfeu da Conceição*, musical que estréia no Teatro Municipal do Rio de Janeiro. Retorna, no fim do ano, a seu posto diplomático em Paris.

1957 É transferido da embaixada em Paris para a delegação do Brasil junto à Unesco. No fim do ano é removido para Montevidéu, regressando, em trânsito, ao Brasil. Publica *Livro de sonetos*.

1958 Parte para Montevidéu. Casa-se com Maria Lúcia Proença. Sai o LP *Canção do amor demais*, de Elizete Cardoso, com músicas suas em parceria com Tom Jobim.

1959 Publica *Novos poemas II*. *Orfeu negro* ganha a Palme d'Or do Festival de Cannes e o Oscar de Melhor Filme Estrangeiro.

1960 Retorna à Secretaria do Estado das Relações Exteriores. Segunda edição (revista e aumentada) de *Antologia poética*. Edição popular da peça *Orfeu da Conceição*. É lançado *Recette de femme et autres poèmes*, tradução de Jean-Georges Rueff, pelas edições Seghers.

1961 Começa a compor com Carlos Lyra e Pixinguinha. É publicada *Orfeu negro*, com tradução italiana de P. A. Jannini, pela Nuova Academia Editrice.

1962 Começa a compor com Baden Powell. Compõe, com Carlos Lyra, as canções do musical *Pobre menina rica*. Em agosto, faz show com Tom Jobim e João Gilberto na boate Au Bon Gourmet. Na mesma boate, apresenta o espetáculo *Pobre menina rica*, com Carlos Lyra e Nara Leão. Compõe com Ari Barroso. Publica *Para viver um grande amor*, livro de crônicas e poemas. Grava, como cantor, disco com a atriz e cantora Odete Lara.

1963 Começa a compor com Edu Lobo. Casa-se com Nelita Abreu Rocha e parte para um posto em Paris, na delegação do Brasil junto à Unesco.

1964 Regressa de Paris e colabora com crônicas semanais para a revista *Fatos e Fotos*, assinando, paralelamente, crônicas sobre música popular para o *Diário Carioca*. Começa a compor com Francis Hime. Faz show (transformado em LP) com Dorival Caymmi e o Quarteto em Cy na boate carioca Zum-Zum.

1965 Publica a peça *Cordélia e o peregrino*, em edição do Serviço de Documentação do Ministério da Educação e Cultura. Ganha o primeiro e o segundo lugares do I Festival de Música Popular Brasileira da TV Excelsior de São Paulo, com "Arrastão" (parceria com Edu Lobo) e "Valsa do amor que não vem" (parceria com Baden Powell). Trabalha com o diretor Leon Hirszman no roteiro do filme *Garota de Ipanema*. Volta à apresentação com Caymmi, na boate Zum-Zum.

1966 São feitos documentários sobre o poeta pelas televisões americana, alemã, italiana e francesa, os dois últimos realizados pelos diretores Gianni Amico e Pierre Kast. Publica *Para uma menina com uma flor*. Faz parte do júri do Festival de Cannes.

1967 Publica a segunda edição (aumentada) do *Livro de sonetos*. Estréia o filme *Garota de Ipanema*.

1968 Falece sua mãe, em 25 de fevereiro. Publica *Obra poética*, organizada por Afrânio Coutinho, pela Companhia Aguilar Editora.

1969 É exonerado do Itamaraty. Casa-se com Cristina Gurjão.

1970 Casa-se com Gesse Gessy. Nasce sua filha Maria Gurjão. Início de sua parceria com Toquinho.

1971 Muda-se para a Bahia. Viaja para a Itália.

1972 Retorna à Itália com Toquinho, onde gravam o LP *Per vivere un grande amore*.

1975 Excursiona pela Europa. Grava, com Toquinho, dois discos na Itália.

1976 Casa-se com Marta Rodrigues Santamaria.

1977 Grava LP em Paris, com Toquinho. Show com Tom, Toquinho e Miúcha, no Canecão.

1978 Excursiona pela Europa com Toquinho. Casa-se com Gilda de Queirós Mattoso.

1980 Morre, na manhã de 9 de julho, em sua casa, na Gávea.

AGRADECIMENTOS

A Susana de Moraes,
muito especialmente,
a Eduardo dos Santos Coelho
e a Antonio Carlos Secchin

ÍNDICE DE POEMAS E PRIMEIROS VERSOS

siglas usadas

AN A arca de Noé
AP Antologia poética
CE Cinco elegias
FE Forma e exegese
LS Livro de sonetos
NO Novos poemas II
NP Novos poemas
OC Orfeu da Conceição
PC Poesia completa
PM Pátria minha
PS Poemas, sonetos e baladas
PV Para viver um grande amor

SOBRE OS ORGANIZADORES

Antonio Cicero nasceu no Rio de Janeiro, em 1945. É poeta e ensaísta, autor de inúmeros ensaios, entre os quais *O mundo desde o fim* (Francisco Alves, 1995) e *Finalidades sem fim* (Companhia das Letras, 2005), e dos livros de poemas *Guardar* (Record, 1996), que foi contemplado com o Prêmio Nestlé de Literatura, e *A cidade e os livros* (Record, 2002). É organizador, junto com Waly Salomão, da coletânea *O relativismo enquanto visão do mundo* (Francisco Alves, 1995) e participa de várias antologias de poemas. É autor de diversas letras de música popular, tendo por parceiros Marina Lima, Adriana Calcanhotto, João Bosco e Caetano Veloso, entre outros.

Eucanaã Ferraz nasceu no Rio de Janeiro, em 1961. Leciona literatura brasileira na Universidade Federal do Rio de Janeiro, e é poeta e autor de, entre outros livros, *Martelo* (7 Letras, 1997), *Desassombro* (7 Letras, 2002; Prêmio Alphonsus de Guimaraens, da Biblioteca Nacional, de melhor livro de poesia de 2002), *Rua do mundo* (Companhia das Letras, 2004) e *Cinemateca* (Companhia das Letras, 2008). Tem poemas publicados em antologias e revistas especializadas no Brasil, em Portugal e na França, e participa de encontros internacionais de poetas. Escreve também ensaios para revistas de literatura e arte, sites e jornais do Brasil e do exterior.

CRÉDITOS DAS IMAGENS

Todos os esforços foram feitos para determinar a origem das imagens deste livro. Nem sempre isso foi possível. Teremos prazer em creditar as fontes, caso se manifestem.

1. Acervo Arquivo — Museu de Literatura Brasileira, da Fundação Casa de Rui Barbosa.
2. DR/ Acervo VM.
3. © Elliot Erwitt/ Magnum Photos.
4. DR/ Acervo VM.
5. Acervo Arquivo — Museu de Literatura Brasileira, da Fundação Casa de Rui Barbosa.
6. Acervo Arquivo — Museu de Literatura Brasileira, da Fundação Casa de Rui Barbosa.
7. Acervo Arquivo — Museu de Literatura Brasileira, da Fundação Casa de Rui Barbosa.
8. DR/ Acervo VM.
9. DR/ Acervo VM.
10. DR/ Acervo VM.
11. DR/ Acervo VM.
12. Acervo Arquivo — Museu de Literatura Brasileira, da Fundação Casa de Rui Barbosa.
13. © Elliot Erwitt/ Magnum Photos.
14. © Raymond Depardon/ Magnum Photos.
15. © da imagem de Manuel Bandeira, do condomínio dos proprietários dos Direitos Intelectuais de Manuel Bandeira direitos cedidos por Solombra — Agência Literária (solombra@solombra.org).
16. José Medeiros/ Acervo Instituto Moreira Salles.
17. José Medeiros/ Acervo Instituto Moreira Salles.
18. Acervo Arquivo — Museu de Literatura Brasileira, da Fundação Casa de Rui Barbosa.
19. Acervo Arquivo — Museu de Literatura Brasileira, da Fundação Casa de Rui Barbosa.
20. Acervo Arquivo — Museu de Literatura Brasileira, da Fundação Casa de Rui Barbosa.
21. DR/ Acervo VM.
22. DR/ Acervo VM.
23. Pedro de Moraes.

ESTA OBRA FOI COMPOSTA EM
FAIRFIELD POR WARRAKLOUREIRO
E IMPRESSA EM OFSETE
PELA RR DONNELLEY SOBRE
PAPEL PÓLEN SOFT DA
SUZANO PAPEL E CELULOSE
PARA A EDITORA SCHWARCZ
EM JULHO DE 2017